# 人生遊戲的贏家法則

# THE GAME OF LIFE AND HOW TO PLAY IT

佛羅倫絲・辛（Florence Scovel Shinn）| 著

周玉文 | 譯

青丘文化
Green Hills Publishing House

你天生就該活得富裕充足，
而非「夠用就好」！

# —編者序— 你永遠可以手握選擇，過自己想要的人生！

人生苦哈哈，為什麼好事都不會落在我頭上？反觀有些人，無論遭遇任何狀況都可以過得順風順水，難道他們生來就是被上天眷顧的幸運兒？

同樣的薪水，有人早早累積一桶金，自己卻是月底吃土的月光族；相同的工作，有人如魚得水，自己卻像被迫跳火圈的社畜；條件差不多，有人覓得心儀的另一半，自己卻是萬年「單身狗」；同期進公司，有人一路高升，自己還只是萬年低階專員……我們和那些幸運兒之間的差異到底在哪裡？「該怎麼做，才能得到幸福？」你可以在《人生遊戲的贏家法則》這本書中找到解答。

這本書揭露了一個真理：**人生不是一場戰役，而是遊戲；學會遊戲規則，就能暢玩人生，成為贏家！**

本書作者佛羅倫絲・辛（Florence Scovel Shinn）被譽為美國二十世紀最偉大心靈導師。她將傳統潛意識心理學與靈修心理學結合，無償地對人們進行心理治療。佛羅倫絲・辛擅長引述《聖經》的故事及記載，並以生活中實際的故事，來闡述正面的態度與思想，教導人們運用靈性法則讓富足自然降臨，收獲幸福。

《人生遊戲的贏家法則》自一九二五年出版以來，百年長銷不衰，改變了千萬人的命運，成為美國史上最具影響力 TOP50 名著。知名成功學大師拿破崙・希爾（Napoleon Hill）、戴爾・卡內基（Dale Carnegie）都曾受本書啟迪，被譽為成功學「始祖級」經典！

本書以最簡單易懂的方法，提供你暢玩人生遊戲的指示：

■重新認識內在世界的靈性法則

■清除阻擋我們看清自己本質的妨礙
■全新解讀《聖經》中的人生智慧
■以生活中的真實故事，闡述正面的態度與肯定的思想
■可用於生命中各種情境的「魔法肯定句」
■運用心靈法則讓富足自然降臨，成為幸福的贏家

佛羅倫絲・辛讓我們知道，大可將人生想成一場遊戲，在人生的每次轉折、每個領域，將自身的心態轉化成吸引無窮力量的磁鐵。追隨本書所述的「人生遊戲的贏家法則」，你一定可以親眼目睹正向成果，在你的生活中顯現的奇蹟！

為協助讀者深入理解本書並加以實踐，編輯部於每章後新增【課後小複習】【贏家法則重點整理】【幸福能量啟動練習】等新單元，並於書末附上

【召喚幸福的肯定聲明】，讓你得以藉由這些練習，發現內在的神聖設計，形塑美好的人生，收獲健康、財富、愛與完美的自我表現。

日常事務繁忙無法撥出太多時間閱讀的讀者，可先使用隨書特典手冊《圖解・人生勝利組的遊戲規則》，透過直觀的圖說，以最快的速度，吸收「人生勝利組」的智慧。此外，你也可以隨身攜帶這本手冊，於閒暇時複誦手冊中的肯定聲明，為自己增幅正向能量。

當你展閱本書，請做好準備，看著自己的人生即將開展新方向。請相信：**你永遠可以手握選擇，過自己想要的人生！你天生就該活得富足充裕，而非「夠用」就好！**讓我們在繁忙的生活中重新理解生命，喚醒內在的自己，感受富足、喜悅、愛、健康、和諧盈滿人生的美妙感覺。

青丘文化編輯部

THE GAME OF LIFE AND HOW TO PLAY IT

# 目錄

第5章

# 因果報應法則與寬恕法則

——召喚恩典，得無盡供給

◎好好過完今天

◎完美肯定句的法則

幸福能量啟動練習4 以肯定句開始美好的一天

◎靈性法則即自由真理

◎學習「提出正確要求」

◎將一切交到上帝手中

◎召喚寬恕法則，消除過錯

◎付出帶來收獲，吝惜帶來失去

◎克服俗世思想，得享永恆供給

幸福能量啟動練習5 召喚「寬恕法則」的魔法句

第6章

# 拋下重擔——在潛意識烙下深刻印象



◎把重擔交給神
◎為自己上緊發條
◎信念帶你前往「應許之地」
◎重大改變前必有徵兆
◎迎向恐懼走去
◎你要事奉恐懼還是信念？

幸福能量啟動練習6 用肯定句放下重擔

第9章

# 完美的自我表現

## ——落實你的神聖設計

第1章

# 人生是一場遊戲

## ── 掌握遊戲規則，成為人生贏家 ──

人生是一場「給予與接收」的遊戲。

就像玩迴力鏢，你給出什麼，就會收回什麼。

人的一言一行終將返回自身。

THE GAME

*The imaging faculty plays a leading part in the game of life.*
*What man images, sooner or later externalizes in his affairs.*

想像力是人生這場遊戲的領銜主角。
個人所想像之事遲早會體現在他自己身上。

## 人生遊戲的規則：種瓜得瓜、種豆得豆

多數人看待人生如戰役，但人生不是戰役，是一場遊戲。

但是，它是一場少了靈性法則（spiritual law）就無法成功闖關的遊戲，還要加上《舊約聖經》、《新約聖經》提供這場遊戲清晰完整的規則。耶穌基督教誨我們，這是一場**給予與接收的遊戲**（a great game of Giving and Receiving）。

人種的是什麼，收的也是什麼。

《新約．加拉太書》第6章第7節

這句話意指，人的一言一行都將返回自身。他給出什麼，最終就會收回什麼。倘若他傳遞出恨意，就會收到恨意；假使他付出愛，就會收到愛；要是他口出批評，就會招致批評；一旦他扯謊，就會被謊言纏身；假若他招搖撞騙，

就會被唬弄矇騙。祂還教育我們，**想像力是人生這場遊戲的領銜主角。**

> 你要保守你心（想像力），勝過保守一切，
> 因為一生的果效是由心發出。
>
> 《舊約．箴言》第4章第23節

這意味著，一個人所想像之事遲早會體現在他自己身上。我認識一個人，總是害怕會得到某種特定疾病。雖說這種病很罕見、不易罹患，但他每天腦子裡就想著這種病，不斷找相關資料閱讀，直到有一天它終於找上門。沒多久他就撒手人寰，成了扭曲想像的受害者。

因此我們明白，想要成功地暢玩人生遊戲，就必須訓練想像力。受過想像力訓練只會想像美好事物的人，會為自己的生活帶來「**每一個正當的內心渴望**」（every righteous desire of his heart），諸如健康、財富、愛、友誼、完美的

自我表現與個人最崇高的理想。

有人稱呼想像力是「心智的剪刀手」（The Scissors of The Mind），日復一日裁剪又裁剪當事人在心中看到的畫面，早晚有一天他會在真實世界實現自己創造的願景。**一個人若想成功訓練想像力，就應該理解心智的運作之道。**正如希臘人所說：「認識自己。」（Know Thyself.）

## 超意識心智=你的神聖設計

心智分為**潛意識心智**（subconscious）、**意識心智**（conscious）以及**超意識心智**（superconscious）三大領域。

潛意識純粹就是力量，不帶方向性。就像水流或電流，被導引流往行進的方向，本身則毫無誘導能力。

任何人深刻感受或清晰想像的事物都會烙印在潛意識心智，然後細緻入微地在生活中執行每一個細節。

舉例來說：我認識一名女士，她打從小女孩時期就老愛「假裝」自己是寡婦。她會刻意「盛裝」一身黑，並戴上長長的黑色面紗，大家都覺得她既聰明又風趣。她長大後嫁給深愛的男人，但沒多久對方就去世了。往後多年她真的穿著一身黑，並戴上長長的黑色面紗。因為她身為寡婦的畫面已經深深烙印在她的潛意識心智，時間一到就會自動成真，即使會造成人生的災難，潛意識也毫不在意。

意識層面的心智被稱為「世俗心智」或是「肉身心智」（mortal or carnal mind）。

這是人類的心智，只看到人生的表象，看到死亡、災難、疾病、貧窮和形形色色的限制，然後將它們烙印在潛意識中。

**超意識心智則是每個人心中的神性心智（the God Mind），也是完美構想的所在之地。**古希臘哲學家柏拉圖（Plato）所謂的「神聖設計」（The Divine Design）便在此處；因為在這裡每個人都有自己專屬的神聖設計。

「有一處，唯獨你可以填滿，沒有其他人能代勞；有一事，唯獨你可以完成，沒有其他人能代勞。」

超意識心智內含一幅完美圖像，通常以一種遙不可及的理想快閃過意識層面，你會覺得那「美好到不像是真的」。實際上，那就是人類真正的天命（或人生目的），是他自身所蘊含的無窮智慧閃現在他的心頭。

## 正視天命，獲得真正滿足

然而，許多人視而不見自己真正的天命，反而竭力追求不屬於自己的事物或境遇，最終只落得功虧一簣，而且就算得到了也無法心滿意足。

舉例來說：有一名女士一心想嫁給自己深愛的男士某甲，於是來找我，請我幫忙「說肯定句」。我回答，這麼做將會違反靈性法則；但我願意為她的真命天子給個肯定，他將會是「神之所選」、是屬於她的正確決定。

我又補充：「如果某甲是妳的真命天子，妳就不會錯過他；但如果他不是，妳也會遇到條件相當的對象。」她經常與某甲見面，但兩人僅止於朋友關係，沒有任何進展。有一天傍晚她打電話給我，劈頭就說：「妳知道嗎，上星期我覺得某甲其實好像也沒有那麼適合我。」我回答：「那他有可能不是神之所選。或許妳的真命天子另有其人。」很快地，她遇到對她一見鍾情的某乙，還說她就是他的理想情人。事實上，某乙對她說的每一句話，都是之前她一心想聽到某甲對她說的。

她感嘆：「真是太不可思議了！」

她很快就投向後者的懷抱，反而對某甲完全無感了。

這則故事正好彰顯了**替代法則**（the law of substitution）。當正確的想法汰換掉錯誤的想法後，就無所謂的損失或犧牲了。

## 人生遊戲的關鍵：語言

耶穌基督說：

> 你們要先求他的國和他的義，這一切都必加給你們。
>
> 《新約．馬太福音》第6章第33節

祂說，這個國度就在每個人心中。此處的國度就是正確想法（right ideas）或是神聖模式（the divine pattern）的領地。

耶穌基督教誨世人，**語言在人生這場遊戲扮演著舉足輕重的角色**。

> 因為要憑你的話定你為義，也要憑你的話定你有罪。
>
> 《新約．馬太福音》第12章第37節

許多人瞎說毫無根據的話，因此把自己推入險境。

有一名女士曾問我，為何現在她的人生總是局限在貧苦潦倒中。以前她坐擁華廈，俯拾即是精美物件、花不完的錢。我們發現，她常常懶得打理住家，而且三不五時就要發牢騷：「我實在是看膩這些玩意兒了。真希望自己住在拖車裡就好。」然後她加了一句：「結果，現在我真的就住在拖車裡。」她的碎念真的把她送進拖車裡了。**潛意識毫無幽默感可言，人們往往亂開玩笑，說著說著就把自己推入悲慘遭遇。**

有一名超級女富豪曾經一再拿自己開玩笑說：「我準備好要住進救濟院。」接下來幾年她幾乎淪落至一貧如洗的地步，因為她在潛意識心智烙上匱乏與欠缺的意象。

## 直覺是你的內在引導！

所幸，這條法則是雙向道，匱乏的境遇可以被富足取代。

炎夏某日，一名女士來找我，想要我給個致富的「處方」。她疲憊不堪、垂頭喪氣而且意志消沉。她說自己身上全部家當只剩八美元。「很好，我們就祝福這八塊錢。就像耶穌基督將倍增餅和魚一樣，我們祝福這筆錢也倍增。」

（編按：故事出自《新約．馬太福音》第15章中，耶穌帶領五千名跟隨者到達荒野，祂吩咐眾人坐在地上，拿著五餅二魚，對天祝謝，再分給眾人吃。結果五千人都吃飽了。）因為祂教誨我們，人人都有祝福及倍增的能力，也有療癒及富足的能力。

她問：「我下一步該怎麼做？」

我回答：「聽從妳的直覺。妳有沒有閃過一股該做什麼事或該往哪裡去的『直覺』？」**直覺是一種直觀的能力或內在的指導，它是每個人不偏不倚的引導**。我會在往後的章節完整闡述直覺的法則。

這名女士回答：「我不知道。我好像有一股叫我回家的『直覺』；我身上的錢剛好付盤纏。」她的家在遙遠的城市，處處匱乏、重重限制，任何會動腦思考（或稍有腦筋）的人可能會說：「留在紐約工作賺錢才對。」但我回答：「那妳就回家吧。千萬不要違反直覺行事。」

我為她祝禱：「無窮神靈，請為××開闢充裕富足之路吧。她是一塊強力的磁石，會吸引神賦予她權利所能擁有的一切。」我也請她一再重複這番話。她立刻啟程回家。有一天她去拜訪一名女士，並與一名家族友人取得聯繫。

她透過這名家族友人，奇蹟似地收到幾千美元。她經常對我說：「請告訴人們這則故事：一名女士身上只剩八美元來向妳求救，她後來因為聽從直覺而得救！」

## 渴望＋信心＋說出口的話＝夢想成真

**個人的生命之路總是豐富充足，但唯有透過渴望、信心或說出口的話才會化為真實。**耶穌基督清楚昭告，人必須先踏出第一步。

你們祈求，就給你們；尋找，就尋見；叩門，就給你們開門。

《新約．馬太福音》第7章第7節

我們在《聖經》裡讀到：

並我手的工作，你們可以求我命定。

《舊約．以賽亞書》第45章第11節

上帝是無窮智慧，隨時準備實現每個人最微小或最偉大的要求。

每一個渴望，無論有沒有說出口，都是要求。我們經常因為願望突然成真，而驚訝得啞口無言。

有一年復活節，我在花店櫥窗看到店裡擺置許多美麗的玫瑰樹，心中但盼可以收到一株。當下那一瞬間我在心中看到有人送了一株進我家門。

復活節當天，真的有人送了一株玫瑰樹到我家。隔天我向朋友致謝，告訴她這正是我想要的禮物。

她竟然回答：「我送妳的不是玫瑰樹，我送妳的是百合！」

原來是送貨先生搞錯訂單，誤把玫瑰樹送給我了，單單只是因為我冥冥之中啟動了這條法則，一心想要得到一株玫瑰樹。

人與他的最高理想或心中的渴望之間，除了懷疑與恐懼，沒有任何阻礙。

**一旦人可以「無憂無慮地盼望」，每一個渴望就會立即實現。**

我會在往後的章節，針對這部分詳加解釋其中的科學原理，並說明如何將恐懼從意識中完全抹去。對匱乏的恐懼、對失敗的恐懼、對罹病的恐懼、對失去的恐懼與莫名的不安，是人類的唯一敵人。

耶穌基督曾說：

你們這小信的人哪，為什麼膽怯呢？

《新約．馬太福音》第8章第26節

所以我們可以知道，自己必須展現信心對抗恐懼，因為恐懼只是倒置的信心；可以說，恐懼是因為信心錯置在邪惡中，而非在良善中。

## 在潛意識重新烙下完美紀錄

**人生這場遊戲的目的就是清楚看見人的良善面，抹去心中所有邪惡面的影像。**若想做到這一點，必須藉由體認良善之美進一步強化潛意識心智。

曾有一名絕頂聰明的男士成功站上人生巔峰，他告訴我，自己曾在某個房間裡讀到掛在牆上的標語，頃刻間便抹去心中所有恐懼——**何必擔憂，壞事或**

**許永不會發生**（Why worry, it will probably never happen.）——這些字深深烙印在他的潛意識，他現在堅信，人生只會不斷迎來好事，唯有好事才會成真。

在下一章，我會著墨幾種在潛意識心智烙印的方式。它是人類的忠實僕人，但必須謹慎給出正確指令。有一個沉默的傾聽者隨侍在人類身側，即他的潛意識心智。

人的每一個念頭、說出口的每一句話都會深深烙印其上，並鉅細靡遺地兌現。它就像歌手將歌聲錄製在高靈敏度的唱片裡，毫不遺漏地記錄歌手唱出的每一個音符、每一段抑揚頓挫。即使他只是輕咳一聲或是稍有遲疑，也絲毫不遺漏。

所以，讓我們打破潛意識心智裡那些老舊損壞的唱片——那些我們不想繼續保留在生命中的過往——重新灌錄嶄新美麗的紀錄。

請帶著力量與信念大聲說出以下這段話：

現在，我要（用自己說出口的話）粉碎、破除刻在潛意識心智的每一個不真確紀錄。它們應該回歸虛無，塵歸塵、土歸土，因為它們來自我虛無縹緲的想像。現在，我要借力內在的神性，重寫自身的完美紀錄——那就是健康、財富、愛，以及完美的自我表現。

這才是完美人生的彰顯，也是遊戲的終點！

在接下來幾章裡我將會說明，人們如何先從改變說話方式，進而改變自己的處境。一個人若是還不知道語言的力量，那就太落伍啦！

生死在舌頭的權下。

《舊約・箴言》第18章第21節

第1課

# 課後小複習

**Q1：人生是一場怎樣的遊戲，其遊戲規則是什麼？**

**A**：人生是一場給予與接收的遊戲，其規則是「種瓜得瓜，種豆得豆」。

**Q2：我們若想暢玩人生遊戲，應該訓練什麼能力？**

**A**：想像力。

**Q3：人類的心智可以分為哪三大領域？**

**A**：人類心智分為「潛意識」、「意識」以及「超意識」三大領域。

**Q4：潛意識的特性為何？**

**A**：潛意識純粹就是力量，不帶方向。就像水流或電流，被導引流往行進的方向。人們深刻感受或清晰想像的事物會烙印在潛意識。

**Q5：人類真正的天命存在何處？**

**A**：超意識心智。在這裡，每個人都有自己專屬的完美神聖設計。

**Q6：人生遊戲的關鍵為何？**

**A**：語言。因此，亂開沒根據的玩笑，會將自己推入悲慘遭遇。

**Q7：我們應該以什麼作為行動的基準？**

**A**：直覺。它是一種直觀的能力或內在的指導，是每個人不偏不倚的引導。

**Q8：人們該怎麼做才能讓美夢成真？**

**A**：透過渴望、信心或說出口的話語，願望就會成真。人們一旦可以「無憂無慮地盼望」，每一個渴望就會立即實現。

**Q9：何為人類的敵人？**

**A**：對匱乏的恐懼、對失敗的恐懼、對罹病的恐懼、對失去的恐懼與莫名的不安；恐懼是人類的唯一敵人。

**Q10：該怎麼做才能消除烙印在潛意識的恐懼？**

**A**：用自己說出口的話，粉碎、破除刻在潛意識心智上的每個不真確紀錄。

# 人生遊戲守則

- 人生不是戰役，是一場遊戲。
- 人生遊戲的規則：種什麼因就得什麼果。
- 想要成功暢玩人生遊戲，就必須訓練想像力。
- 你所感受或想像的事物將烙印在潛意識，在你的人生執行每一個細節。
- 語言在人生遊戲中扮演著舉足輕重的角色。
- 幸福人生的程式：渴望＋信心＋語言＝夢想成真
- 改變說話方式，就能在潛意識重寫自身的完美紀錄，困境將迎刃而解。

幸福能量啟動練習

# 1

## 練習在潛意識重寫完美紀錄

將這段話抄寫在一張紙條和你隨身攜帶的筆記本上，紙條黏貼於床頭，每天起床和睡前大聲複誦一遍。外出時，若有空閒，可拿出隨身筆記本，默念數遍。

現在，我要（用自己說出口的話）粉碎、

破除刻在潛意識心智的每一個不真確紀錄。

它們應該回歸虛無，塵歸塵、土歸土，

因為它們來自我虛無縹緲的想像。

現在，我要借力內在的神性，

重寫自身的完美紀錄——

那就是健康、財富、愛，以及完美的自我表現。

人一旦可以「無憂無慮地盼望」，
每一個渴望就會立即實現。

*When man can "wish without worrying", every desire will be instantly fulfilled.*

第 2 章

# 富裕法則

## ——做好接收準備，財富就會到來——

上帝供應我們一切。
對祂祈求，就能釋放神的無限供應。
在供應到來之前，我們通常會經歷煩憂，
即使看不到徵兆，仍須做好準備迎接神的恩典。

THE LAW OF PROSPERITY

*Yea, the Almighty shall be thy defense*
*and thou shalt have plenty of silver.*

全能者就必為你的珍寶，作你的寶銀。
——《舊約．約伯記》第 22 章第 25 節

## 語言與思想是超強振動力

我們人類從《聖經》得到的最偉大訊息就是——**上帝供應我們一切。個人只要對著祂說話，就能釋放神授權利賦予他的一切。**但是，他必須對自己說出口的話充滿無比信心。

《以賽亞書》（*Isaiah*）記載：

> 我口所出的話也必如此，絕不徒然返回，
> 卻要成就我的旨意，達成我差它的目的。
>
> 《舊約．以賽亞書》第55章第11節

現在我們知道，**語言和思想都是超強的振動力量，無時無刻形塑我們的身體及事件。**

一名滿臉憂戚的女士來找我，說她當月十五號將被起訴要繳罰款三千美元。她知道自己根本籌不出這筆錢，因此陷入絕望深淵。

我告訴她，上帝會供應她一切，而且會供應每一個需求。

我說：「我感謝上帝，讓這名女士可以在適當時機以適當方式收到三千美元。」我告訴她一定要充滿信心，也要將滿滿的信心表現在行動上。

但十五號當天完全沒有一分錢進帳。

她打電話給我追問該怎麼辦。我回答：「今天是星期六，所以他們不會起訴妳。妳現在要做的事就是扮演出富婆的作風，這樣才能展現星期一前就會收到錢的滿滿信心。」

她邀我共進午餐，這樣才能繼續保持勇氣。我走進餐廳與她會合時便說：「現在不是省小錢的時刻。來點一道昂貴的大餐，表現出妳**已經收到**三千美元了。」

你們禱告，無論求什麼，只要信，就必得著。
《新約．馬太福音》第21章第22節

隔天上午，她打電話給我，請我陪她一天。我說：「不用，妳有神意庇護，上帝從不遲到。」

到了傍晚，她又打電話來，欣喜若狂地說：「親愛的，奇蹟發生了！上午我坐在家中，門鈴突然響了。我對女傭說：『別讓任何人進來。』但女傭對著窗外瞄了一眼後說：『是您那個白鬍子堂兄。』

「於是我說：『那妳去請他進門。我想看看他。』當時他正好要轉身離開，聽到女傭的呼喚聲就回頭進門。

「他和我聊了大約一個小時，離開之際隨口問了一句：『對了，順便問一聲，妳生活還過得去嗎？』

「我坦承自己需要三千美元。於是他說：『親愛的，那下個月一號我給妳三千美元。』我不想讓他知道我即將被起訴的事。那我該怎麼做？不到下個月一號我是拿不到錢的，但我明天非得拿出這筆錢不可。」

我告訴她：「我會幫妳再『交涉』。」

我說：「偉大的聖靈永不遲到。我感謝，她已經在冥冥之中收到那筆錢，而且它會及時在現實生活中彰顯。」

隔天清晨，她的堂兄來電，劈頭便說：「今早來我的辦公室一趟。我可以把錢給妳了。」當天下午，她就拿著三千美元存入銀行，滿心喜悅地簽下還錢的支票。

## 為你的祈求做準備

要是有一個人渴求成功，卻老是為失敗做準備，那麼最終他將會迎來自己

**長久準備面對的結局。**

舉例來說，一名男士來找我，請我為他說肯定句，說他有一筆特定的債務終將償清。然而我卻發現，他其實一直在花時間規畫，要是他無法還清債務，屆時該怎麼對債主自圓其說。這種做法因此抵銷了我話語的力量。他應該要預見自己已經還清債務才對。

我們可以在《聖經》裡找到一個非常切題的例證：三位國王置身於沙漠中，沒有水可以讓他們的手下與坐騎喝。他們諮詢先知以利沙（Elisha），對方回覆他們這個驚人的訊息：

「永恆的主這麼說：『你們雖然不見風、不見雨，這谷必滿了水，使你們和牲畜有水喝。』」——（《舊約．列王紀下》第3章第17節）

**即使眼前看不到絲毫徵兆，我們依舊必須為自己所祈求的事物做好準備。**

某一年紐約市公寓住房嚴重短缺，有一名女性卻發現自己得在那段期間找一處公寓落腳。當時大家都認為這是不可能的任務，周遭的朋友都為她感到遺憾：「實在太糟糕了！妳得找個地方暫時安置家具並住飯店了。」

她回答：「你們不用替我感到難過。我可是女超人！我會找到公寓的。」

於是她對神說出這些話：「無窮聖靈，請為我開闢一條找到合適公寓的道路。」

她知道，自己的每一個要求都能得到滿足，只要她努力修習靈性法則，就能「無所不能」，因為「與上帝同在就是勝利。」

她想要買新毛毯，但是「誘惑者」（也就是負面念頭或是理智）暗示她：「不可以花錢買毛毯。畢竟，或許妳根本就找不到公寓，所以毛毯也就派不上用場。」但她很快就對自己說：「我買毛毯的用意就是在為未來做準備！」於是她為住進公寓做好一切準備，一副她根本就**已經找到**似地。

最後她奇蹟似地找到一間公寓，即使同時有超過兩百人跪求租房，她仍擊敗所有競爭者。買新毛毯的決定展現出她主動積極的信心。正如前述沙漠裡的三位國王辛苦挖好的溝渠果真盈滿流水。

對普通人來說，融入靈性世界的節奏並不容易，質疑與恐懼等負面思想會從潛意識一湧而出。它們就好比是必須被殲滅的「敵軍」。這一點足以解釋為何我們經常說：「黎明前的時刻總是最黑暗。」

**在迎來偉大事物之前，我們通常必須經歷煩憂折磨的過程。**一個人首先提出崇高理想的真理宣言，然後就會挑戰埋藏在潛意識的陳腐信念，並進一步「揭露其中錯誤」，最後就是徹底消滅那些錯誤。

在此之際，你必須反覆重申自己對真理的堅定立場，讚揚自己已經接收到渴望事物的喜悅，並表達感謝。《聖經》中「他們尚未求告，我就應允」（《舊約．以賽亞書》第65章第24節）這句話，意指「各樣美善的恩賜和各樣全備的賞賜」（《新約．雅各書》第1章第17節）早已就定位，正等著個人認可。

## 堅守願景，抵達心之所向

**一個人只會收到他看得到的事物。**

以色列的子民被告知，他們可以擁有觸目所及的所有土地。這句話也適用於所有人。一個人的心胸眼界觸及何處，就能擁有相對範圍的地域。每一場偉大工程、每一項偉大成就都是因為堅守願景，最終才獲得實現。而失敗與挫折往往就在卓越的成功前夕接連上門。

以色列的子民終於到達上帝答允他們的「應許之地」（Promised Land），卻不敢踏出最後的臨門一腳，因為他們說其中處處是巨人，相形之下，自己卻像渺小的蚱蜢。「我們在那裡看見亞衲族人（巨人）。據我們看，自己就如蚱蜢一樣。」（《舊約．民數記》第13章第33節）這種感觸幾乎是每個人的親身經歷。

然而，熟知靈性法則的人卻不會被這種表象煩擾，即使他「身心受困」也一樣感到喜悅。也就是說，他堅持守住自己的願景，並衷心感謝已經走到終點，自己也得到應有的回饋。

在這方面，耶穌基督就是最佳範例。他曾對門徒說：「你們豈不說『到收割的時候還有四個月嗎？』我告訴你們，舉目向田觀看，莊稼已經熟了，可以收割了。」（《新約．約翰福音》第4章第35節）

他的犀利目光穿透「表象的物質世界」，清楚看見第四度空間，也就是事物原本的真實面貌，在神的心中都是完美、完整的形象。所以，每個人都應勉力堅守人生之路的終點願景，並要求自己已經接受的一切以具體的形式充分體現——包括完滿的健康、愛情、物質供應、自我表現、家庭或朋友等。

它們全都是形塑完成的完美理想，早已烙記在神聖心智（也就是個人的超意識心智）中，**必須透過個人對外展現，而非由外界賦予他。**

## 借助他人為你守住願景

有一名男士來找我，請我給他一個成功的肯定。

他亟需在特定時間之內募齊五萬美元拯救自己的事業。眼看期限將至，他來找我時已深陷絕望。沒有人想要投資他的事業，連銀行都一口拒絕發放貸款。我回答：「我猜想你在與銀行交涉的過程中失去理智大發脾氣，因此你也就失去你的力量了。倘若你一開始就自我控制得宜，原本可以掌控全局。」

「再回頭去和銀行談判，」我補上一句，「我將為你爭取肯定。」我的肯定聲明就是：「每一名與銀行相關的人士都有大愛見證你的精神。且讓神聖旨意來接管這一切。」

他回答：「女士，您說的這一切都不可能發生。明天是星期六，銀行中午十二點就結束營業，但我的火車非得十點才會到站。明天就是大限之日，怎麼說銀行都不可能同意貸款給我。一切為時已晚。」

我回答：「上帝根本不需要時間，而且永不遲到。任何事情交付給祂，一切都有可能。」我再補充一句，「我對商業雖然一竅不通，但我對上帝瞭如指掌。」

他又回答：「此際我坐在這裡聽您說明，就好像一切都安然無事；一旦我走出這扇門，恐怕又是一籌莫展。」

他住在遙遠的城市，之後一整個星期我都沒有聽到他捎來任何音訊，直到我收到一封信，上頭寫著：「您真的說對了！我籌到這筆錢了。今後我再也不會質疑任何您告訴我的真理了。」

再過兩、三個星期後我見到他，便問起後續：「後來發生什麼事？畢竟你顯然有充足時間打點那些事。」他回答：「當天我的火車誤點，我抵達銀行時只差十五分鐘就要十二點了。我冷靜地走進門並說：『我想來申請貸款。』他們連問都沒問就核准我的申請案。」

結果他在期限前十五分鐘收到這筆錢。無窮聖靈永不遲到。在這個例子中，這名男士可能永遠無法獨力完成這件事，他需要其他人從旁伸出援手為他堅守這個願望。這就是我們可以為他人做的事。

耶穌基督深諳這層真理，於是他說：

若是你們中間有兩個人在地上，同心合意地求什麼事，我在天上的父，必為他們成全。

《新約．馬太福音》第18章第19節

人們往往當局者迷，涉入自己的事務太深，因而心生懷疑與恐懼。而朋友或「治療師」之所以可以清楚看見成功、健康或富裕，而且意志絕不動搖，正是因為他們旁觀者清。

為他人「展現」這種氣度，當然比當事人自己想通容易得多。因此，**當你覺得自己開始猶豫不決時，請勿遲疑，務必及早尋求協助。**

有一名心思敏銳的生命觀察家曾說：「**一個人只要身邊有人相信他會成功，他就不會失敗。**」

這就是願景的力量，許多人將自身成功歸於家有賢妻、姊妹或是朋友，正是因為這些人都「堅定地相信他」，而且完全不動搖地為他守護願景，直到完美願景實現！

第 2 課

# 課後小複習

**Q1：人類可以從《聖經》得到的最大訊息為何？**

A：上帝供應我們一切。

**Q2：我們該怎麼做，才能得到上帝的供應？**

A：只要對著上帝説話，就能釋放神賦予的一切。但是，你必須對自己説出口的話充滿無比信心。

**Q3：如何展現你對自己說出口的話充滿信心？**

A：在言行中表現出你「已經收到」上帝的供應，為你所祈求的事物做好準備。

**Q4：若我們對上帝的祈求遲遲不出現，該怎麼辦？**

A：在迎來偉大事物之前，我們通常必須經歷煩憂折磨的過程。此時，你必須反覆重申自己對真理的堅定立場，讚揚自己已經接受到渴望的事物，並表達感謝。

**Q5：為什麼在神的供應出現之前，我們往往會先看到失敗跟挫折？**

A：當一個人提出崇高理想的真理宣言，等於是在挑戰埋藏在潛意識的陳腐信念，此時質疑與恐懼等負面思想會從潛意識一湧而出，因此我們會誤以為一切都已經失控。

**Q6：該怎麼做，才能讓上帝的供應源源不絕？**

A：人只會收到他看得到的事物。一個人的心胸眼界觸及何處，就能擁有相對範圍的供應。堅守願景，就能得到應有回饋。

**Q7：如果我們真的無法抵擋恐懼的負面思想，是否有解決方法？**

A：請親友為你堅守願景。人們往往當局者迷，因而心生懷疑恐懼。一個人只要身邊有人相信他會成功，他就不會失敗。

# 富裕法則

- 語言和思想無時無刻形塑我們的人生。
- 即使眼前看不到絲毫徵兆，你仍必須為自己所祈求的事物做好準備。
- 迎來偉大事物之前，必須先經歷煩憂思想的折磨。
- 堅守你的願景，體現你已接受的一切。
- 當局者迷，覺得自己開始猶豫不決時，務必及早尋求協助。
- 一個人只要身邊有人見證他的成功，他就絕對不會失敗。

幸福能量啟動練習

# 2

## 請親友協助你堅守願景

把你的願景告訴最親近和信任的家人及朋友，請他們協助你「堅守願景」！一個人的身邊只要有人相信他會成功，他就不會失敗。

你最親近的家人是：＿＿＿＿＿＿＿＿＿＿

你最相信的朋友是：＿＿＿＿＿＿＿＿＿＿

你的願景：＿＿＿＿＿＿＿＿＿＿＿＿＿＿

＿＿＿＿＿＿＿＿＿＿＿＿＿＿＿＿＿＿＿＿

＿＿＿＿＿＿＿＿＿＿＿＿＿＿＿＿＿＿＿＿

＿＿＿＿＿＿＿＿＿＿＿＿＿＿＿＿＿＿＿＿

＿＿＿＿＿＿＿＿＿＿＿＿＿＿＿＿＿＿＿＿

第 3 章

# 語言的力量

## —— 你說出什麼，就吸引什麼 ——

無論一個人說了什麼，
他的語言振動都會發出磁吸力，
將他說出口的事物吸引過來。

# THE POWER OF THE WORD

*By thy words thou shalt be justified,*
*and by thy words thou shalt be condemned.*

因為要憑你的話、定你為義、
也要憑你的話、定你有罪。
——《新約・馬太福音》第 12 章第 37 節

## 「預期心理」是最強的開運物

熟知語言力量的人，會對自己說出口的話十分警醒。他只要看看自己說出口的話造成的反應就會知道，那些話「不會無功而返」。人們透過自己說出口的話，持續建立自己的一套法則。

我認識一名男士曾說：「我總是會錯過班車。每次我才一到站，它就剛好開走。」而他的女兒卻說：「我總是剛好趕上班車。每次我一到站，它也剛好進站。」這種情形持續好多年。他們分別為自己建立一套法則，其中一個是失敗法則，另一個則是成功法則。這就是迷信（superstition）的心理學。

馬蹄鐵或幸運兔腳（編按：西方人將馬蹄鐵掛在家裡，保護住戶並招來好運；兔腳則是象徵女性好孕、保佑土地豐收）這類物件本身並不具備任何力量，**是人們說出口的話語與信念為他本人帶來好運，在超意識心智創造出一種**

**預期心理，吸引「好運上門」**。然而，我發現，要是人們進一步修養靈性，並理解更高法則後，這種做法就會「失靈」。因為人無法走回頭路，我們必須拋捨這些「膜拜的偶像」。

舉例來說：我的班上有兩名男士，原本好幾個月來他們的生意做得有聲有色，但突然間每一件事都開始「崩壞」。我們試圖分析情況，最後我發現，他們並沒有堅定地尋求上帝指引成功與富裕，反而各自買了一座「幸運猴像」。我說：「好吧，現在我明白了，你們選擇相信幸運猴像而非上帝。」「捨棄幸運猴像，然後召喚寬恕法則吧。」因為**人們具備原諒自己的錯誤，或是讓錯誤化為烏有的能力**。

他們決定把幸運猴像丟到煤坑，隨後所有情況再度重回軌道。但這並非意味著我們必須丟棄每一樣「開運物」，或是掛在家裡的馬蹄鐵，只不過我們必須體認到，這些開運物背後的唯一一股力量就是上帝，開運物本身帶給我們的只是一種預期心理而已。

有一天，我和一名身陷絕望的朋友在一起。她在過馬路時撿到一塊馬蹄鐵，當下滿心歡喜、滿懷希望。她說上帝送她一塊馬蹄鐵，就是為了要鼓舞她的勇氣。

在當下那一刻，馬蹄鐵確實就是能在她的意識烙下鮮明印象的唯一物品。她的希望因此變成信心，也終究實現了美好成就。我想闡明的重點是：先前提及的那兩名男士是把自己託付給幸運猴像；這名女士卻是體認到馬蹄鐵背後的那股力量。

## 面對恐懼，它將不復存在

就我自己的情形來說，我知道，光是要擺脫某一特定事件帶來的失望念頭，往往需要花費一段很長的時間。要是壞事發生了，失望無可避免會隨之而來。我發現，唯一可以改變潛意識的方法，就是堅定相信「**世上沒有兩股力量，唯一的力量來自上帝。因此，無須失望，事件本身就意味著愉快的驚喜。**」我立刻留意到一個變化，愉快的驚喜即刻啟程朝我而來。

我有一個朋友說什麼也不願意從梯子下方走過去。（編按：西方人有一說，打開的梯子與路面形成三角形，象徵神祕、偉大的力量。若從下方走過會破壞神聖感，進而招致厄運。）我說：「如果妳害怕，就是屈服於上帝與魔鬼這兩股力量同時存在的信念，而非相信只有上帝存在。既然上帝是絕對存在，就不可能有對立的力量，除非人類自己想像出邪惡。妳若真心相信唯有上帝這一股力量存在，並無其他邪惡的力量，下次再看到梯子的話，就從下方走過去。」

過沒多久，她去銀行辦事，想打開金庫裡的保險箱，途中竟看到走道上矗立著一座梯子。如果不從下方走過去，就不可能走到她的保險箱所在區域。恐懼讓她退縮，隨即轉身離去。她實在無法面對擋在路上的那頭猛獅。

然而，當她回到街上，耳邊響起我說過的話，於是她決定返回銀行，挑戰從梯子下方走過去。這是她一生中的重大時刻，因為梯子的陰影束縛她好多年了。她沿著前一次的路徑回到金庫，發現梯子竟然已經不在原處了！這種事經常發生！**當一個人下定決心去完成自己原本擔心害怕的某件事，最後往往是什麼事都不必做，問題自然就迎刃而解。**

這是所謂的**不抵抗法則**（the law of nonresistance），但很少人明白箇中道理（關於「不抵抗法則」請見第四章）。

曾有人說：「勇氣涵蓋天賦與魔力。」當你無畏無懼地面對眼前問題，就沒有任何問題特別需要面對，所有沉重壓力都將自行煙消雲散。

這句話可以解釋成，恐懼將梯子吸引到我的女性友人行經的走道上，但無畏無懼的勇氣卻把它移開了。

## 話語形塑你的人生

由此可知，無形的力量一直在為人類工作，但實際上「在幕後運籌帷幄」，發揮影響力結成正果的人正是他自己，只不過他渾然不覺而已。**無論一個人說了什麼，他的語言振動會發出磁吸力，將他說出口的事物吸引過來。**那些開口閉口都在談論疾病的人，最終就會引來疾病上身。

一旦了解這個真相，人就不會再輕忽自己說出口的話。

我有個朋友經常在電話上聊天時說：「妳一定要找一天來看看我，我們來一場像以前那樣的痛快閒聊。」所謂「像以前那樣的痛快閒聊」是指花整整一個小時提到上千次負面字眼，主要都是繞著失去、匱乏、失敗與疾病打轉。

因此我回答：「不用了，謝謝。我這輩子已經有過很多這種『痛快的閒聊』，它們的代價都太高了。但要是能聊聊新的話題，我倒是會很開心。盡情地說說我們想要些什麼，別繼續在『不想要什麼』的話題上兜圈子了。」

古人云，人們只應為三大目的開口說話，即「治癒、祝福或成功」。**我們道人長短，終究會返回自身；我們祝福他人，也就是在祝福自己。**

古諺有云：「自食惡果。」詛咒會回到詛咒者自身。要是有人希望他人「倒大楣」，他肯定是在給自己引來霉運上身。如果他希望並幫助別人成功，就是在希望並幫助自己成功。

我們的身體借道說出口的語言與清晰的願景，就可能煥然一新、脫胎換骨，疾病也會完全從意識層面一掃而空。玄學家知道，**所有疾病都有對應的心理癥結，個人若想治癒身體就得先「療癒靈魂」**。靈魂就是所謂的潛意識心智，必須將它從錯誤的思維方式中「拯救」出來。

我們在《詩篇》（*Psalms*）讀到：

> 祂使我的靈魂甦醒。
>
> 《舊約．詩篇》第23篇第3節

這句話的意思是，潛意識心智或靈魂必須借道正確的思想才能甦醒；所謂的「神婚」（mystical marriage）就是靈魂與心靈結合，即潛意識心智與超意識心智結合。它們必須合而為一。當超意識的完美想法盈滿潛意識，上帝與人就合為一體了。

我與父原為一。

《新約．約翰福音》第10章第30節

也就是說，人與完美想法的境界合而為一。人就是上帝依照祂的模樣及形象（即想像力）創造出來的，人被上帝賦予力量及治理權，可以統管所有被創造的生物、自己的心智、身體與各種事物。

## 「愛」讓疾病不藥而癒

我們大可放心地說，**所有疾病與不幸都是因為違背愛的法則。**

我賜給你們一條新命令，乃是叫你們彼此相愛。

《新約・約翰福音》第13章第34節

**在人生這場遊戲中，愛或善意攻無不克。**

我認識一名女士，長年來總是為一種嚴重的皮膚病所苦。醫師告訴她這種病無藥可醫，她因此深陷絕望。她得站上舞台演出，因此害怕有可能很快就要被迫放棄這個職業，而她根本沒有其他謀生之道。

然而，她努力爭取到絕佳的演出機會，在開幕首演當晚演出一場叫好又叫座的「大戲」。

她收到眾多劇評家的好評，滿心歡喜、興高采烈。豈知隔天她竟然收到解僱通知，原來班底中有一名男演員嫉妒她的成功，因此找了個理由要資方攆她走。

她頓時怒意湧上心頭、憎恨不已，不禁放聲大哭：「老天爺，別讓我恨這個傢伙！」那晚，她「在一片靜默中」誠心祈求好幾個小時。

她說：「我很快就進入一種非常深沉的寧靜中。我似乎可以和自己、和那個傢伙與全世界和平共處了。接下來兩晚我繼續這麼做，到了第三天我發現自己的皮膚病竟然痊癒了！」

她在尋求愛或善意的過程中，圓滿實踐了愛的法則（「因為愛就是完全了律法」，語出《新約．羅馬書》第13章第10節），也就因此徹底根除疾病（因為疾病源自潛意識的憤怒）。

## 不寬恕是疾病的最大禍首

不間斷的批評會引來風濕病之苦，不和睦的想法會導致血管出現不自然的沉澱，進而累積在關節裡面。

不當腫瘤的生長是由嫉妒、憎恨、不寬恕及恐懼等諸多負面情緒引爆，每一種疾病都源自內心的不平靜。我曾在課堂上說過：「質問任何人：『你有什麼毛病？』毫無用處，我們不妨改成這樣說：『是誰惹到你了？』」不寬恕是各種疾病的最大禍首，它將會硬化動脈或是肝臟，影響我們的視力，在它的影響清單上，羅列著各種數不清的疾病。

有一天，我打電話給一名女士，她說自己不小心吃到有毒的牡蠣，整個人病懨懨的。我回答：「喔，不是這樣的。牡蠣本身無害，反而是妳毒害了它。妳怎麼了？」

她回答：「喔，大概是和那十九個人有關吧。」她和十九個人起了口角，因為內心的極度不和諧，才吸引了有問題的牡蠣。**任何外在的不和睦，都指向內在的不和諧——存乎中、形於外**（編按：這是古代煉金術的宇宙觀，意指內外合一、身心安頓）。人的唯一敵人就是他本身。

> 人的仇敵就是自己家裡的人。
>
> 《新約・馬太福音》第10章第36節

## 祝福那個想傷害你的人

隨著一個人開始學習相愛，個性是他必須征服的最後一名敵人。耶穌基督給我們的訊息是：「在地上平安歸與他所喜悅的人。」（《新約．路加福音》第2章第14節）也因此，得到啟迪的人就會善待他的鄰人，致力讓自己完美。他在自己身上努力，就會將善意與福報傳達給周遭的每個人；最不可思議的一點就是：**當一個人祝福某個人，被祝福的那個人就沒有力量傷害他。**

舉例來說：有一名男士來找我，希望我為他的事業成功「給個肯定」。他正在銷售機械產品，有一名對手出現，到處宣稱自家產品的性能更優良，因此我的朋友擔心自己終會一敗塗地。

我說：「首先，我們必須將恐懼一掃而空，並且知道上帝正保護你的利益，神聖旨意將順勢而生。也就是說，正確的機器會被正確的賣家，販售給正確的買家。」

接著我補充：「不要批評對方，你反而要整天祝福他。如果你販售機器不是神的旨意，也請樂意接受這個事實。」

於是他回去會議現場，不再恐懼、不再無謂抵抗，反而誠心祝福對方。他說結果讓人非常滿意。對方的機器無法運作，所以他根本沒有遭遇任何困難，就順利賣掉自己的機器了。

可是我告訴你們，當愛你們的仇敵，為迫害你們的祈禱，為那咒罵你們的祝福，為那恨你們的服務，為那利用你們、迫害你們的禱告。

《新約．馬太福音》第5章第44節

善意會在傳播者的周遭，產生強大的保護光環。

凡為攻擊你造成的器械，必不利用。

《舊約．以賽亞書》第54章第17節

換句話說，**愛與善意將摧毀個人的內在敵人，因此，他就再也沒有外部敵人了！**

「對他人傳達善意的人，自得一處和平淨地！」

第3課

## 課後小複習

**Q1：人們如何為自己的人生建立一套成功／失敗法則？**

**A**：透過說出口的語言。

**Q2：一個人說出口的話語與信念，為何可以為他帶來好運？**

**A**：話語和信念能在超意識心智創造一種預期心理，為人吸引「好運上門」。

**Q3：開運物為何能給某些人帶來好運？某些人卻不能？**

**A**：前者把希望寄託在開運物背後的唯一力量（即上帝），後者卻把希望寄託在開運物本身。

**Q4：我們該怎麼去面對潛意識中的恐懼念頭？**

**A**：堅信「世上唯一的力量來自上帝，並無其他邪惡的力量」。當你無畏無懼地面對問題，所有沉重壓力將自行煙消雲散。

**Q5：人們應該為哪些目的開口說話？**

**A**：治癒、祝福或成功。

**Q6：開口閉口都在談論疾病的人，會有什麼結果？**

**A**：引來疾病上身。

**Q7：如果希望治癒疾病，該怎麼做才好？**

**A**：任何外在的不和睦，都指向內在的不和諧。若想治癒身體就得先「療癒靈魂」。

**Q8：該怎麼做才能避免疾病或不幸上身？**

**A**：所有疾病與不幸都是因為違背愛的法則，在人生這場遊戲中，愛或善意攻無不克。

**Q9：如何應對來自他人的敵意？**

**A**：祝福對方。

**Q10：為什麼愛可以抵擋敵人？**

**A**：人的唯一敵人就是自己。愛與善意會摧毀個人的內在敵人，當內在敵人消失，外部敵人自然就會消失。

# 語言力量法則

- 語言的振動會發出磁吸力，將你說出口的事物吸引至你身邊。
- 詛咒會回到詛咒者自身，祝福會回到祝福者自身。
- 所有疾病都有對應的心理癥結，想治癒身體就得先「療癒靈魂」。
- 所有疾病與不幸都來自違背愛的法則。
- 不寬恕是各種疾病的最大禍首。
- 當一個人祝福某個人，對方就沒有力量傷害他。

## 幸福能量啟動練習

# 3

**練習「祝福敵人」**

你周遭是否有「處處針對你」或是「對你不懷好意」的人，他們是否讓你經常覺得恐懼、憤怒、厭惡、憎恨？《聖經》告訴我們：當一個人祝福某個人，對方就沒有力量傷害他。現在，讓我們將善意傳達給「那個想傷害你的人」：

**步驟 1：想像你輕柔地抱住對方。**
**步驟 2：默念或說出以下這句話：**

無窮聖靈，請讓○○○（名字）平安喜樂，

願○○○可以感受到我對他/她的善意與祝福。

第 4 章

# 不抵抗法則

## ——惡並不存在，你無須抵抗——

祝福你的敵人，

等於奪走他的彈藥。

活用不抗拒法則，

就沒人可以將你踩在腳底下。

# THE LAW OF NONRESISTANCE

*"Be not overcome of evil,*
*but overcome evil with good."*

你不可為惡所勝，反要以善勝惡。
——《新約・羅馬書》第 12 章第 21 節

## 病人想像疾病，窮人想像貧困，富人想像財富

世界上沒有任何東西可以對抗完全不抵抗的人。中國古諺有云：「上善若水。」因為水毫不抵抗，所以它既可以穿石，也能夠將石塊一掃而空。

耶穌基督說：「不要與惡人作對。」（《新約・馬太福音》第5章第39節）因為祂知道，**在現實生活中惡並不存在，因此根本無須抵抗。邪惡來自人類「無用的想像力」，來自相信善與惡這兩股力量同時存在的信念。**

有一則古老傳說，描述人類的祖先亞當與夏娃偷吃「幻境之樹」（Maya the Tree of Illusion）的果實後，便看見兩股力量，而非上帝這股單一力量。

因此，邪惡是人類借道精神毒瘤或昏睡靈魂，自己想像出來的虛妄法則。昏睡靈魂指的是，人的靈魂被諸如罪惡、病痛與死亡這類凡俗思想所催眠，而他所經歷的遭遇，正是他的虛妄幻想的體現。

上一章我們已經讀到，人類的靈魂就是他的潛意識心智，無論他深刻的感覺是美好或惡劣，都會被那名忠實的僕人如實體現在他的生活中。他的身體與經歷，皆出自他想像的遭遇。病人都在想像疾病；窮人都在想像貧困；富人則是想像財富。

人們常常會問：「為何年紀小小的孩童連『疾病』這兩個字都不懂，卻還是會引來疾病？」

我回答，孩童都很敏於察覺，且樂於接受他人對他們的想法，因此經常會過度體現父母的恐懼。

我曾聽一位玄學家說過：「**如果你自己不掌控潛意識心智，旁人就會代勞。**」

如果一個母親老是抱著恐懼念頭緊緊看顧兒女，睜大眼睛四尋壞事可能發生的徵兆，往往就在不知不覺中給孩子引來疾病與災難。

舉例來說：我有位朋友問一名女士，她的小女兒是否罹患過麻疹。後者立即回答：「還沒！」因為她認為孩子本來就會得麻疹，所以才這麼回答。她正在為那些她自己和兒女們都不希望發生的事情預作準備。

然而，**人若能確立並堅守正確的思想，只對周遭同伴傳播善意的念頭，再加上無畏無懼，就不會被他人的負面思想觸動或影響。**事實上，他只能接收到良善的思想，因為他本人也只會傳播良善思想。

## 祝福敵人，等於奪走他的彈藥

抵抗有如地獄，因為它將個人置於一種「飽受折磨的狀態」。

一名玄學家曾提供我一個絕佳祕訣，可以在人生這場遊戲中成功闖過每一關，那就是將**不抗拒**（nonresistance）發揮得淋漓盡致。他這樣說明：「我這一生中有過一段時期常為孩童施洗，當然他們各有各的名字。現在我不再為孩童施洗了，但我為各種事件施洗，而且我給每一樁事件都取了相同的名字。就算我為失敗施洗，也一樣會奉聖父、聖子、聖靈之名，將它命名為『成功』！」

在此我們可以看到，一條立足於不抵抗基礎之上的偉大**蛻變定律**（the law of transmutation）。透過一個人說出口的話語，每一樁失敗都會蛻變為成功。

一名需金孔急而且深知富裕之靈性法則的女士，一再被安排與一名總是讓她覺得缺乏或限制的男士共事。對方老是抱怨自己要什麼沒什麼，而且發展處處受限，使得她也開始接收他的這些窮酸思想。因此她很討厭他，並把自己的失敗歸咎於他。她明白，若想讓富裕的供應源源不絕，就必須先感覺自己**已經變得**富足，亦即她必須先覺得自己富足，才能實際擁有那樣的生活。

有一天，她突然頓悟，發現自己正在抗拒整體情境，並察覺自己看到兩股力量，而非單一力量。於是她祝福那名男士，為整體情境施洗，並取名為「成功」。她堅定地聲明：「既然只應有上帝這股單一力量，這名男士出現在此即是對我有益、為我帶來富裕（雖然這似乎正是他完全不具備的能力）。」過沒多久，她透過這名男士認識另一名女士，為對方提供服務後得到數千美元的酬勞，就連這名男士也搬到遠方城市，和平地從她的生活中銷聲匿跡。

請這樣告訴自己：「**每個人都是我幸運連連鎖上的黃金環節。**」因為所有人都是上帝的體現，正等著給自己一個機會，可以好好地服務自己人生的神聖計畫。

「祝福你的敵人，你就等於是奪走他的彈藥。」他的箭矢將因此化為祝福。

這條法則不僅適用於國家，也適用於個人。祝福一個國家，向那裡的每一位居民傳達愛與善意，就能剝奪那個國家用來製造傷害的力量。

一個人唯有參透靈性的法則，才能正確理解不抗拒的真義。我的學員經常說：「我不想成為別人的踏腳墊。」我回答：「當你發揮智慧活用不抗拒法則，根本沒有人可以將你踩在腳底下。」

## 「接受」不利的境況

再舉另一個例子：有一天，我不耐煩地等著一通重要的電話。我抗拒所有打進來的電話，自己也不想打電話出去。因為我擔心占線，可能會錯過我正在等的那通電話。

當下我覺得自己的戰爭得自己打，而非交由上帝代勞。我沒有說：「神聖旨意絕不衝突，電話會在適當的時機響起。」也沒有交由無窮智慧安排一切，以至於等待期間我滿心緊張、充滿焦慮。

大約一個小時過去了，電話始終沒有響起，我瞥了一眼電話才發現，這段時間內話筒一直都沒有掛好，因此根本無法接通。我的焦慮、恐懼，加上相信其他來電會干擾我的要事，讓我看不見話筒沒掛好。我明白自己搞烏龍後，立即開始祝福這種情境；我為這個情境施洗，並將它命名為「成功」，堅信「神會保佑我不錯過任何打來找我的電話。我在神的恩典之下，而非自己想像的法則之下。」

我的朋友火速趕到周遭最近的電話，通知電話公司重新接線。她走進一家擁擠的雜貨店，店裡的老闆把顧客擱在一旁，親自協助她打電話。電話立刻接通了！兩分鐘後我接到一通非常重要的來電，一個小時後，我終於接到一直在等待的那通電話。

**海面平靜無波，船隊就會駛進來。**

**人只要抵抗情勢，就會與它同在；就算他逃避，它也會如影隨形。**

有一天我告訴一名女士這句話，她回答：「這真是一針見血！我在家很不開心，因為我不喜歡家母，她總是挑三揀四、專橫跋扈。因此我就離家出走找個對象嫁了。沒想到我還是擺脫不掉家母，因為我的先生不折不扣就是家母的翻版，我再次淪落到相同的處境。」

你同告你的冤家還在路上，就要趕快與他講和。

《新約．馬太福音》第5章第25節

這句話的意思是，你要接受不利的情境對你而言是件好事，不要受它影響；如此一來它就會自己慢慢淡去。「沒有任何一事可以動搖我。」（《新約．使徒行傳》第20章第24節）這句話是絕佳的肯定聲明。

## 生活就是心境的反射

不協調的情境，源於一個人內心的不和諧。

一旦他對不協調的情境再也不掀起任何情緒反應，它就會從他的人生道路上永遠消失。

**一個人必須經常對自己下功夫。**

人們對我說：「請給我一個處方，好改變我的先生或是我的兄弟。」我回答：「不是這樣的，我將給妳一個處方，好改變妳自己。當妳改變了，妳的先生或兄弟就會跟著改變。」

我有個學員說謊成習。我告訴她，這是一種失敗的做法，如果她撒謊，別人也會對她撒謊。她回答：「我才不在乎！我不可能不撒謊過日子。」

有一天，她和自己深愛的男士通電話。之後，她轉向我說：「我不信任他，我知道他在騙我。」我回答：「沒錯啊，妳連自己都騙，所以就會有人來騙妳。而且偏偏就是妳最想聽到他說真話的人對妳撒謊。」

那次之後過了一段時間，我再看到她時，她對我說：「我已經治好撒謊的老毛病了。」

我回問：「妳是怎麼治好的？」

她回答：「我最近跟一個比我更會說謊的女人住在一起！」

一個人之所以能夠改進自己的缺點，往往是因為他在別人身上看到自己的缺陷。生活是一面鏡子，我們只會在周遭人身上看見自己的倒影。

## 好好過完今天

**活在過去是一種失敗的做法，而且有違靈性法則。**

耶穌基督說：「看哪！現在正是悅納的時候；現在正是拯救的日子。」（《新約．哥林多後書》第6章第2節）

而羅得的妻子回頭一看之後，就變成了一根鹽柱。（編按：故事出自《舊約．創世記》第19章，上帝要毀滅罪惡之城所多瑪和蛾摩拉，但想拯救羅得和他的家人，於是派天使去警告他，天使要羅得帶著家人快跑，且不得回頭看。羅得的妻子違背了警告回頭看，因此變成一根鹽柱。）

過去和未來是時間的強盜。人應該祝福過去，然後從此忘懷；要是過去將人束縛得動彈不得，那就祝福未來，了解它可以為自己帶來無盡歡樂。然後，全然地活在當下。

一名女士來找我，抱怨沒有餘錢買耶誕禮物。她說：「去年景況完全不同。我有一大堆錢，也送出好多可愛的禮物。今年我幾乎連一分錢也擠不出來。」我回答：「當妳表現得可憐兮兮，沉溺在過去的生活時，就永遠不會有錢。妳要全然地活在當下，準備送出妳的耶誕禮物。做好準備，錢就會自動掉進來。」

她大聲地說：「我知道該怎麼做了！我會買一些金蔥絲繩、耶誕節的裝飾貼紙和包裝紙。」我回答：「這就麼辦！這麼一來，禮物自然就會出現，這些工具全都派得上用場了。」

這種心態展現出她對自身的財務狀況毫無畏懼，且對上帝深具信心，即使理智告訴她：「把手上的每一分錢都存下來，因為妳不知道什麼時候會再有錢進來。」

她買了貼紙、包裝紙和絲繩。在耶誕節前幾天，她果然收到一筆幾百美元的現金禮。購買貼紙與絲繩強化了潛意識中的預期心理，為她闢出一條打開金庫的道路。她花了很多時間買完所有禮物。

**人必須活在當下。**

「是故，好好過完今天！這就是向黎明致敬。」（Look well, therefore, to this Day! Such is the salutation of the Dawn. 編按：這句話出自古印度詩人迦梨陀娑〔Kalidasa〕的詩作〈向黎明致敬〉。一七八九年英國梵文專家威廉・瓊斯率先將其作品譯為英語出版。迦梨陀娑的作品啟發了十九世紀以及二十世紀初的歐洲文藝圈。）

個人必須常保精神上的機敏，隨時待命，並抓住每一個機會。

有一天，我在心中不斷重複：「無窮神靈，請別讓我錯過任何機會。」當晚就有人告訴我一件極重要的事——**你必須以正確的字眼開啟一天的生活。**

每天醒來後，請立刻說出一句肯定句。

**我的諸事將在今天完全實踐！今天是圓滿的一天；我感謝這個完美的一天，奇蹟將會一個接著一個出現，驚喜也將永不止息。**

一旦養成這種習慣，你就會看到驚喜與奇蹟出現在生活中。

有一天早晨，我拿起一本書並讀到：「帶著驚喜看看擺在你眼前的事物！」這似乎是當天要傳達給我的訊息，於是我一而再，再而三重複：「帶著驚喜看看擺在你眼前的事物。」

差不多到了中午的時候，我收到一大筆錢，而這筆錢足以實現一件我渴望已久的事。

## 完美肯定句的法則

在下一章，我將提供至今我發現最有成效的肯定句。然而，除非某一句肯定句能夠讓一個人絕對滿意，並說服自己的意識接受，否則他就不應該使用它。肯定句的內容往往因人而異。

舉例來說，以下這句話為許多人帶來了成功。

**我有一份超棒的工作，良好的運作方式，我提供出色的服務，換來豐厚的薪酬！**

我原本告訴學員的是前面兩句，她又自行補上後面兩句。

這句話可說是最強而有力的聲明，因為完美的服務本就應該換來豐厚的薪酬，而且這種充滿節奏感的句子容易滲入潛意識。她開始到處大聲傳唱，很快地就以一種良好的運作方式，得到一份超棒的工作，而且提供出色的服務，換來豐厚的薪酬。

另一名學員是商人，他也接納這句話，但把「工作」這個字眼改成「生意」，一再重複：「我有一門超棒的生意，良好的運作方式，我提供出色的服務，換來豐厚的薪酬！」儘管他已經有好幾個月都沒展開什麼商業活動，但當天下午他就做成一筆四萬一千美元的交易。

**每一句肯定句都必須注意遣詞用字，而且要能完全「涵蓋重點」**。

我認識一名亟需援手的女士，她需要一份工作。她確實收到了一大堆工作，但都沒有得到任何報酬。現在她知道要加上一句：「以出色的服務，換來豐厚的薪酬。」

上帝賦予人類擁有富足的權利，而且遠遠超過「夠用就好」！

他的倉房，必充滿有餘，他的酒醉，有新酒盈溢！

《舊約．箴言》第3章第10節

這是上帝對人的打算，當一個人破除自我意識中匱乏的藩籬，他的黃金時代便將來臨，心中的每一個正當渴望，也將一一實現！

第 4 課

# 課後小複習

**Q1：耶穌基督為何要我們「不要與惡人作對」？**

**A**：現實生活中惡並不存在，因此根本無須抵抗。

**Q2：惡如果不存在的話，那現實生活中的困境為何？**

**A**：邪惡來自人們「無用的想像力」，諸如罪惡、病痛與死亡，人所經歷的遭遇，正是他虛妄幻想的體現。

**Q3：該怎麼做，才不會被凡俗的負面思想影響？**

**A**：人若能確立並堅守正確的思想，只散播善意，無畏無懼，就不會被他人的負面思想觸動或影響。

**Q4：如何面對生活中不利的境況？**

**A**：不要抗拒。人只要抵抗情勢，就會與它同在。

**Q5：生活中為何會發生種種不順心的事？**

**A**：不協調的情境，源於一個人內心的不和諧。

**Q6：那我們如何改變這些令人不順心的人事物？**

**A**：生活是一面鏡子，外在境況是你內心的倒影。改變自己，這些人事物也將改變。

**Q7：為什麼我們不該拘泥於往事？**

**A**：活在過去有違靈性法則。

**Q8：什麼才是符合靈性法則的做法？**

**A**：全然地活在當下。

**Q9：如何開啟美好的一天？**

**A**：以正確字眼開啟一天的生活。每天醒來後，立刻說一句肯定句。

**Q10：使用肯定句時應該注意什麼？**

**A**：每一句肯定句都必須注意遣詞用字，而且完全「涵蓋重點」。

# 不抵抗法則

- 現實生活中惡並不存在，因此根本無須抵抗。
- 你必須先覺得自己富足，才能實際擁有富足生活。
- 每個人都是你的貴人。
- 接受不利的境況對你而言是件好事，它就會自己慢慢淡去。
- 生活是面鏡子，我們只會在周遭人身上看見自己。
- 活在過去是一種失敗的做法，有違靈性法則，人必須活在當下。
- 每天醒來後，立刻說出一句肯定句。

## 幸福能量啟動練習

# 4

### 以肯定句開啟美好的一天

將你喜歡的肯定句抄在紙上，貼在床頭。每天醒來後，立刻說出這句話。以正確的字眼開啟一天的生活極為重要。

**範例 1：**

我的諸事將在今天完全實踐！

今天是圓滿的一天；我感謝這個完美的一天，

奇蹟將會一個接著一個出現，驚喜也將永不止息。

**範例 2：**

我有一份超棒的工作，良好的運作方式，

我提供出色的服務，換來豐厚的薪酬！

人只要抵抗情勢，就會與它同在；
就算他逃避，它也會如影隨形。

*So long as man resists a situation, he will have it with him.*
*If he runs away from it, it will run after him.*

第5章

# 因果報應法則與寬恕法則

## ——召喚恩典，得無盡供給——

寬恕法則超越因果報應法則。

了解靈性法則，

人就有力量「消除自己的過錯」。

# THE LAW OF KARMA AND THE LAW OF FORGIVENESS

*The Christ within each man is his Redeemer and Salvation from all inharmonious conditions.*

每個人的內在神性是基督的挽救者與救贖者，
引領我們從所有不協調的情境中解脫。

## 靈性法則即自由真理

人只會收到自己傳遞出去的一切。**人生這場遊戲是一場迴力鏢遊戲，每個人的思想、行為與語言，遲早會以一種令人目瞪口呆的精準程度，反彈回到自己身上。**這就是**因果報應法則**（the law of Karma），梵語的說法是「因果循環」，意即「種瓜得瓜、種豆得豆」。

一位朋友對我訴說她自己的故事，恰恰闡明了這條法則。她說：「我的因果報應，全和我阿姨脫不了關係。不管我對她說什麼，一定會有其他人對我說一樣的話。我在家裡時經常心浮氣躁，有一天晚餐席間阿姨正在對我說話，我突然打斷她：『不要再說話了，我想要安靜吃頓飯。』

「第二天，我和一名女士共進午餐，我很希望自己能在她心中留下深刻的印象，於是滔滔不絕說個不停，結果她打斷我：『不要再說話了，我想要安靜吃頓飯。』」

我這位朋友的意識層次很高，所以她的業力回報速度遠比其他人更快。

一個人知道得越多，就需要承擔越多責任，熟稔靈性法則知識卻又不修行的人，將遭受極大的苦難。

> 敬畏耶和華是知識的開端。
>
> 《舊約・箴言》第1章第7節

如果我們將《聖經》中的耶和華（Lord）替換成法則（law），裡面的許多教誨就更清晰易懂。

「耶和華（法則）說，伸冤在我；我必報應。」（《新約・羅馬書》第12章第19節）是法則在執行報應的工作，而非上帝。在上帝眼中，人是完美的，「神就照著自己的形象造人」，（想像）並賦予人們「權力和支配力」（power and dominion）。

這是神對人的完美構想，記載在神聖心智中，就等著人們認同。人們只會看見自己所能看見的模樣，也只能實現自己所看見的成就。

有一句古諺這麼說：「少了觀眾，什麼事也不會發生。」人會在他自行想像的場景成真之前，先看到自己的失敗或成功、喜悅或悲傷。我們可以從母親想像孩子生病，或是妻子預期自己丈夫成功，觀察到這一點。

耶穌基督曾說：

> 你們必曉得真理，真理必叫你們得以自由。
>
> 《新約．約翰福音》第8章第32節

因此，我們可以看到：**自由（從所有不幸條件的影響解脫）源於知識——對「靈性法則」的知識。**

## 學習「提出正確要求」

先服從，才能獲得權威；當個人順從法則，法則才會順從個人。就像個人必須先順從電力法則，它才能為個人服務一樣。若不具備電力知識，一味無知蠻幹，它將成為個人的致命死敵。「偉大的心智法則」亦然。

舉例來說：一名擁有強烈自我意志的女士，希望擁有一棟屬於熟人名下的房舍，她經常在心中描繪自己住在裡面的情景。過一段時間，這名熟人去世了，她也搬進那棟房子裡。

幾年後，她開始慢慢理解靈性法則，於是問我：「妳覺得，我和那名男士去世有什麼關係嗎？」

我回答：「有，妳的渴望如此強烈，一切都依照妳的意念發展。但妳也還清妳的業障了，因為妳深愛的丈夫，在你們搬進去沒多久也跟著撒手人寰。這麼多年來，這棟房舍就像是妳手中『大而不當的白象』（white elephant，編按：

比喻價值不菲卻用途有限的事物，還得花錢費心照顧）。」

然而，如果原來的屋主與她的先生，都對真理抱持正面心態，就不會受她的念力所影響，但他們最終仍受制於因果報應法則。這位對這棟房舍抱有強烈渴望的女士當初應該這麼說：

**無窮智慧，請賜我一棟適合的房舍，它和這棟房舍一樣迷人，而且它正是神為我準備的房舍。**

神會做出令人心滿意足的選擇，並為所有人帶來好處。遵循神聖揀選是唯一行得通的安全模式。**渴望是一股強大的力量，但它必須被導引至正確的管道，否則必將引爆混亂。在採取行動時，最重要的第一步，就是「提出正確要求」**。人們應該永遠只要求神授權利為他所安排的一切。

言歸正傳，假使這名女士採取這種心態：「如果我渴望的這棟房舍終將屬於我，我就不會失去它；但如果實非如此，那就請賜我一棟條件相當的房舍。」原來的屋主有可能會心平氣和地搬出去（假設這棟房舍確實是她的神聖揀選），也可能將會有另一棟旗鼓相當的房舍出現。

任何出於個人的意志勉強得來的事物，永遠都是「不當所得」，而且永遠都是「不當成功」。

## 將一切交到上帝手中

人們常被告誡：「我（神）的意志將獲得發揮，而非你的。」但有意思的一點是，每當他真的揚棄個人意志時，無窮智慧反而會透過他發揮作用，他也將因此如願以償。

你們站定不移，看耶和華（法則）今天向你們所要施行的救恩。
《舊約．出埃及記》第14章第13節

一名內心充滿絕望的女士來找我，她的女兒決定踏上一段極度危險的旅程，這名母親恐懼萬分。

她說她已經端出所有論據，指出旅途中可能會遭逢的各種危險，並禁止女兒啟程，但女兒反而變得越來越叛逆，而且意志更加堅定。

我對這名母親說：「妳正在強加自己的個人意志在妳女兒身上，事實上妳沒有權利這麼做。妳對這趟旅程的恐懼，只會增添更多的吸引力，因為人們會吸引自己的恐懼之事上門。」

我又追加一句：「放手吧，放開妳心智的那雙手。將一切交到上帝手中，並說出以下聲明：『我將這一切交到無限大愛與智慧的手中。如果這趟旅程是神聖計畫的安排，那我就祝福它，不再一味抗拒；但它若非神聖計畫的安排，那我感謝它就此消散，並化於無形。』」

過了一、兩天，她的女兒對她說：「媽媽，我已經取消這趟旅程了。」一切就此回歸「本來無一物」的狀態。

## 召喚寬恕法則，消除過錯

對人們來說，學會「站定不移」似乎難如登天。我已經在前一章「不抵抗法則」全面闡述了這條法則。

在此，我再舉一個播種與收割的例子，說起來算是一種最不尋常的狀況。一名女士前來找我，劈頭就說她收到一張二十美元的假鈔，而且她是在銀行拿到的。她深感不安地說：「銀行的人絕對不會承認自己犯下這種錯誤。」

我回答：「讓我們先分析一下狀況，找出妳吸引到這張假鈔的原因。」她想了一下便大喊出聲：「我知道了！我送一名朋友很多玩具假鈔，單純是覺得好玩想開個玩笑而已。」因此，法則（low）就送她一些玩具假鈔，因為它可不懂什麼是開玩笑。

我說：「現在，讓我們召喚寬恕法則，來消除這個狀況。」

基督教建立在寬恕法則的基礎上，基督本人已經將我們從因果報應法則的詛咒中解救出來，每個人的內在神性都是他的挽救者與救贖者，將引領我們從所有不協調的情境中解脫。

所以我說：「無窮神靈，我們在此召喚寬恕法則，並感謝這位女士受到神的恩典看顧，而非法則嚴管；她不會損失神授權利賜予她的二十美元。」

「現在，」我說，「回頭去找銀行的人，毫不畏懼地告訴他們，這張假鈔是他們給妳的，這是他們的錯。」

她聽從了。出乎她的意料，他們以最高規格的禮遇方式向她道歉，並重新換給她一張二十美元紙鈔。

因此，**了解靈性法則，人們就有力量「消除自己的過錯」**。

人們無法強迫外界呈現跟他的內在不同的樣貌。如果他渴望變有錢，首先必須在意識中變得有錢。

一名女士來找我，要我給她一個富裕的處方。她對操持家務沒有太大興趣，因此家裡總是亂成一團。

我對她說：「如果妳希望變有錢，就必須有條不紊。所有家財萬貫的人做事都是井然有序。秩序就是天堂的第一法則，」我補充一句，「當妳的插針墊上堆滿用過的火柴棒，這樣是絕對不可能變有錢的。」

她聽懂我的幽默，立即動手整理，將家裡整頓得井井有條。她重新布置家具、整理衣櫃與抽屜、清洗地毯，很快地，她的財務狀況也出現了重大的改進——她得到一位親戚餽贈的大禮。這就是她主動做出一百八十度大轉變所帶來的報酬。

之後，她開始留意外界環境，懷抱著豐盛的期望，讓自己保持財務方面高昂的信心，因為她知道上帝會供應一切。

## 付出帶來收獲，吝惜帶來失去

許多人渾然不察一項事實——禮物與物品都是投資，過度囤積物品或當個守財奴只會導致損失。

> 有施散的，卻更增添。有吝惜過度的，反致窮乏。
>
> 《舊約．箴言》第11章第24節

我認識一名男士，他想買一件皮草襯裡的大衣。他與妻子逛遍各家門市，就是找不到心儀的大衣。他說它們看上去都是一堆廉價的便宜貨。最終，業務員讓他看一件原價一千美元的大衣，因為現在已經到了季末，經理願意只賣他五百美元。

當時他手頭上的錢總計約七百美元，此時理智會說：「你負擔不起把手上大多數的錢花在一件大衣上。」不過他是個憑直覺行事的人，從來就不花腦筋推理。他轉向妻子說：「如果我得到這件大衣，就會賺很多錢！」於是，他的妻子不太情願地同意了。

大約一個月後，他收到一筆一萬美元的佣金。這件大衣讓他覺得自己超級有錢，於是引領他與成功、發達搭上線；若是沒有這件大衣，他就不會收到那筆佣金。購買大衣就是投資，而這筆投資給他帶來超額的紅利！

一個人如果不理會這些有關花錢或贈予的內在引導，同樣額度的金錢就會以一種無聊或讓人不開心的方式不翼而飛。

一名女士告訴我，她在感恩節當天知會全家人，說他們家無力負擔感恩節大餐。她手上是有錢，但決定要存起來。

幾天後，有人進了她的房間，從衣櫃抽屜取走一筆錢，不多不少就是感恩節大餐必須支出的費用。

**靈性法則總是力挺那些明智花錢、大膽無畏的人。**

我有一名學員與她的小姪子正在逛街購物。小孩大吵大鬧向她討玩具。於是她告訴他，她買不起他要的玩具。

突然間，她意識到自己正在尋求匱乏，而非體認到上帝將會是她的無限供應！於是她買下玩具，隨後在回家的大馬路上撿到一筆錢，金額和她買玩具花的錢一模一樣。

## 克服俗世思想，得享永恆供給

當一個人全心信賴靈性法則，他的供給便會取之不盡、用之不竭。但在供給出現之前，他一定要抱持信仰或信心。

照著你們的信給你們成全了吧。

《新約・馬太福音》第9章第29節

信就是所望之事的實底，是未見之事的確據。

《新約・希伯來書》第11章第1節

信心會穩固我們的願景，與願景相反的景象將全部煙消雲散、無影無蹤，

而且「若不灰心，到了適當時候就要收成。」（《新約・加拉太書》第6章第9節）

耶穌基督帶來福音，那就是有一條法則的層次比因果報應法則更高，超越了因果報應法則，它就是恩典法則，或者說**寬恕法則**（the law of forgiveness）。

> 你們不在律法之下，乃在恩典之下。
>
> 《新約・羅馬書》第6章第14節

這告訴我們，**在恩典這個層次上，個人就算沒有播種依然可以收割**；上帝的恩賜就是如此自然地傾注在他的身上。

「一切王國的供給都是人的。」這種持續賜福的狀態，永遠等著可以克服世俗思想的人。

在世俗思想中，到處有苦難，但耶穌基督說：「你們可以放心，我已經勝了世界。」（《新約．約翰福音》第16章第33節）

世俗思想充滿了犯罪、疾病和死亡。耶穌基督徹底看清這些絕對虛幻的影像，祂說疾病和悲傷將會消失無蹤，就連死亡這個敵人，最終也將被克服。

現在我們知道，透過科學的視角來看，只要在潛意識心智烙下永恆青春、永恆生命的堅定信念，死亡就可以被克服。

潛意識單單只是力量，它缺乏方向，只會毫不質疑地執行命令。

在超意識（即耶穌或個人內心的上帝）的引領下，「肉身復活」（resurrection of the body）將得以實現。

個人死後不會捨棄肉身而去，反而會蛻變成美國詩人華特．惠特曼（Walt Whitman，編按：十九世紀美國文壇最偉大詩人之一，他身處超驗主義與現實主義的變革期，著作兼併兩者的文風，有「自由詩之父」的美譽）所吟唱的

「肉身的電流」（body electric，編按：語出他的詩作〈我歌頌電流竄動的肉體〉[*I Sing the Body Electric*]），因為基督教就是建立在寬恕罪孽和「一座空墓」（an empty tomb）上。

第5課

# 課後小複習

**Q1：人只會收到自己傳遞出去的一切，所謂「種瓜得瓜、種豆得豆」是什麼法則？**

**A**：因果報應法則。

**Q2：從所有不幸條件的影響解脫的自由源於什麼？**

**A**：對「靈性法則」的知識。

**Q3：如何將潛意識引導至正確的管道？**

**A**：提出「正確的要求」。

**Q4：出於個人的意志勉強得來的事物將有什麼後果？**

**A**：個人意志勉強得來的事物是「不當所得」、「不當成功」，將引發混亂。

**Q5：那麼，我們該怎麼做，才能免於個人意志帶來的不良後果？**

**A**：放開心智的那雙手，將一切交到上帝手中。

**Q6：當一個人渴望變有錢，他應該怎麼做？**

**A**：當你渴望變有錢，首先必須在意識中變得有錢

**Q7：如果無視花錢或贈予的內在引導，會發生什麼事？**

**A**：同樣額度的金錢會以一種無聊或讓人不開心的方式不翼而飛。

**Q8：當人全心信賴靈性法則，供給便會源源不絕。但在供給出現之前，我們該怎麼做？**

**A**：抱持信仰或信心。信心會穩固願景，與願景相反的景象將全部煙消雲散、無影無蹤。

**Q9：當人因為負面的思考（不好的因）帶來負面的境遇（不好的果），還有機會挽回嗎？**

**A**：有！召喚寬恕法則，它讓人們得以從因果報應法則解脫。

**Q10：世俗思想充滿了犯罪、疾病和死亡，我們該如何克服？**

**A**：在潛意識心智烙下永恆青春、永恆生命的堅定信念。

# 因果報應法則與寬恕法則

- 人生是一場迴力鏢遊戲，人只會收到自己傳遞出去的一切。
- 熟稔靈性法則知識卻又不修行的人，將遭受極大的苦難。
- 採取行動時最重要的第一步——提出正確要求。
- 出於個人意志勉強得來的事物，永遠都是「不當所得」或「不當成功」。
- 了解靈性法則，人就有力量「消除自己的過錯」。
- 寬恕法則讓人得以從因果報應法則解脫。

幸福能量啟動練習

# 5

## 召喚「寬恕法則」的魔法金句

當你遭受損失時，請重複念出以下句子，這麼做有助你從不協調的情境解脫。召喚寬恕法則，人們就有力量消除自己的過錯。

無窮神靈，我在此召喚寬恕法則，

感謝我受到神的恩典看顧，而非法則嚴管；

我不會損失神授權利賜予我的○○○○。

第 6 章

# 拋下重擔

## 在潛意識烙下深刻印象

人們「拋下重擔」後，
就會將事情看得一清二楚。
你將從俗世煩惱得到解脫，
良善美好的事物早晚體現在生活中。

## CASTING THE BURDEN

*Come to me all ye that labor and are heavy laden,*
*and I will give you rest.*

擔重擔的人可以到我這裡來，我就使你們得安息。
——《新約．馬太福音》第 11 章第 28 節

## 把重擔交給神

當一個人明瞭自己的能力和心智運作的方式時，就會生出強烈渴望，想要找到簡單又快速的方式，在潛意識烙下美好印象，因為光是認識真理並不會帶來什麼結果。

就我而言，我發現最簡單的方式就是「**拋下重擔**」（casting the burden）。

曾有一名玄學家以這種方式解釋，他說：「大自然中賦予所有事物重量的是地心引力。如果一塊巨石可以被升至遠高於地球的上方，巨石就會失去重量。這就是耶穌基督所說：『因為我的軛是容易負的，我的擔子是輕省的。』」

祂克服了世俗世界的振動頻率，在第四度空間發揮作用，那裡只有完美、圓滿、生命與歡樂。耶穌基督這樣說：

擔重擔的人可以到我這裡來，我就使你們得安息。你們當負我的軛，因為我的軛是容易負的，我的擔子是輕省的。

《新約・馬太福音》第11章第28至30節

在《詩篇》（*Psalms*）第五十五篇中，我們也被告知「你要把你的重擔卸給耶和華」。

**《聖經》裡面有許多段落不斷提醒，戰役是屬於上帝的，而非人類的，我們永遠都要「站定不移」，仰望主的救贖。**

這句話的意思是，超意識心智（或內在神性）才是為人征戰並減輕負擔的所在。因此我們看到，如果個人背負重擔，那就等於是違反法則。重擔是負面思想或條件，而且根植於潛意識。

## 為自己上緊發條

由於理智（智力）受限於自身的概念，並充滿質疑與恐懼，因此不可能成功地將潛意識從意識層面或理智中導引出來。

所以，將重擔交給超意識心智（或內在神性），將是多麼科學的做法。因為在這裡，重擔將「變得輕盈」，或是回歸「本來無一物」的狀態。

舉例來說：一名需金孔急的女士便是借力基督這股超意識力量，將重擔「變得輕盈」，她這樣說：「我將匱乏的重擔加在基督（內在神性）身上，反而得到自由與富足！」

這名女士肩上的重擔是匱乏意識，隨著她將重擔拋給具備富足信念的超意識，結果就是獲得如潮水般湧入的充裕供應。

《聖經》告訴我們：

基督在你們心裡成了有榮耀的盼望。

《新約．歌羅西書》第1章第27節

再舉另一個例子：我有一名學員獲贈一架嶄新的鋼琴，但她的工作室沒有多餘空間容納它，除非她移走原本的舊鋼琴。為此她深感困惑，她想要保留舊鋼琴，但又不知道可以把它送去哪裡。由於新鋼琴就快送到了——事實上是已經在送貨途中——但她遲遲挪不出置放空間，不知該如何是好。她說自己開始不斷重複：「我將重擔拋給內在的神，我就得到自由了。」

過一陣子，她的電話突然響起，一名女性友人來電詢問，有沒有可能租用她的舊鋼琴。就在新鋼琴送達前幾分鐘，舊鋼琴適時被搬走了。

我認識一名女士，她的重擔是滿心憎恨。她說：「我將憎恨的重擔全部拋給內在的神，我就得到自由；反而盈滿愛心、和諧與幸福。」全能的超意識將滿滿的愛注入潛意識，她的人生就此改觀。多年以來，憎恨將她圍困在一種折磨身心的狀態，並禁錮她的靈魂（潛意識心智）。

這句聲明應該一遍又一遍地複誦，可以平靜、堅定地在心中默念，也可以大聲說出口念上好幾個小時。

我經常拿手搖留聲機來比喻——我們必須透過說出口的話語，為自己上緊發條，讓自己轉動起來。

## 信念帶你前往「應許之地」

我曾經留意過，人們「拋下重擔」之後，過一陣子就會將事情看得一清二楚。當一個人承受世俗思想的痛苦，根本就不可能看清楚。質疑與恐懼毒害身心，想像力則瘋狂暴衝，吸引災難與疾病上門。

持續堅定地重複唸誦：「**我將重擔拋給內在的神，我就得到自由了。**」視野能夠就此清明，並得到一股解脫感，而良善美好的事物，無論是健康、幸福還是富足，早晚都會體現在你的生活中。

我有一名學員曾要求我解釋何謂「黎明前的黑暗」，我指出第二章提過的事實：在重大改進出現之前，「每件事似乎都走樣了」，深刻的沮喪籠罩著我們的意識。

這意味著，累積多年的質疑與恐懼正在崛起，這些埋在潛意識中荒廢已久的念頭逐漸浮出水面，等著被消滅。

就在那一刻，儘管個人看起來像是被敵人包圍（處於匱乏或罹病的情況），都應該學習猶大國王約沙法（Jehoshaphat）命令歌唱隊伍敲鑼打鼓一樣歡慶，感謝自身得救（《舊約．歷代志下》第20章）。

這名學員繼續問：「那還要在黑暗中待多久？」我回答：「直到可以在黑暗中看清楚，」而且「放下重擔就能讓人在黑暗中看清楚。」

**若想在潛意識烙下深刻印象，積極的信念永遠不可或缺。**

「空有信念沒有行動，就等於是一灘死水。」我已經在諸多章節竭力闡明這一點。

耶穌基督先展現積極的信念，「吩咐眾人坐在地上」（《新約．馬太福音》第15章第35節），然後才對麵包與魚表達感謝。

我再舉另一個例子說明這個步驟有多重要。事實上，**積極的信念是一座橋梁，讓人可以通往他的應許之地。**

一名女士因為誤會被迫離開深愛的丈夫，對方拒絕所有和解的提議，也不願意跟她溝通。

她在深入理解靈性法則後，無視於兩人分離的表象，做出這番聲明：「在神聖心智裡沒有所謂的分離，因此，我不會與神應許我的愛及伴侶分開。」

每天，她都在餐桌旁為丈夫安排一個座位，抱持積極的信念，在潛意識烙下一幅他重返家門的畫面。一年多過去了，她從未動搖。有一天，他再次走進家門。

## 重大改變前必有徵兆

音樂經常會在潛意識烙下深刻的印象。**音樂具有一種第四度空間的特質，會將靈魂從禁錮中解放出來，讓美好事物成真，而且輕而易舉就能實現！**

出於這個目的，我有一名朋友每天都使用她的手搖留聲機。音樂讓她置身於完美的和諧中，進而釋放想像力。

另一名女性經常在婆娑起舞之際，說出自己的肯定句。音樂與舞蹈的節奏及和諧，賦予她的話語強大的威力。

大家必須謹記在心，千萬不要輕蔑「這日的事為小。」（《舊約．撒迦利亞書》第4章第10節）

有一點是恆定不變的：**在重大改進出現之前，人們會先看到「陸地的跡象」**（signs of land）。

航海家哥倫布（Columbus）航抵美洲之前先看見鳥群與樹枝條，對他而言，這代表了陸地就在眼前。在重大顯現出現之前，總是先有跡象；但大家往往誤解這些跡象就是重大顯現本身，因而感到失望。

舉例來說：一名女士想要一套餐盤，於是說了肯定句。沒多久她的友人送來一只陳舊破爛的盤子。她來找我時便說：「是這樣的，我要求得到一套餐盤，但最後我只得到一只破爛盤子。」

我回答：「盤子只是徵兆，意味著妳想要的盤子將至。請將這件事當作靠陸之前看到的鳥群及海藻吧。」不久之後，她想要的盤子就出現了。

## 迎向恐懼走去

**一貫秉持「信以為真」，就能在潛意識烙下深刻印象。**如果一個人相信自己是有錢人，也相信自己已經飛黃騰達，那麼，「時機成熟時他就會有收獲。」孩童們總是「信以為真」，而且「除非你們回轉，變得像個小孩，否則斷不得以進天國。」（《新約．馬太福音》第18章第3節）

我認識一名生活非常窮困的女士，但從來沒有人可以讓她感覺自己貧窮。她從有錢的友人那裡賺進微薄收入，但對方總是不停地提醒她生活有多麼貧窮，因此千萬要小心用錢、努力存錢。無論他們如何三申五令，她總是把所有收入花在帽子上，或是送某人禮物，因此她的心態總能常保歡天喜地。她的想法總是集中在漂亮衣裳以及「戒指之類的東西」，但從不羨慕他人。

她活在充滿驚喜的世界裡，覺得自己「真的很有錢」。過沒多久她就嫁給了有錢人，戒指之類的東西變得唾手可得。我不清楚她的對象是否是所謂的

「神聖揀選」，但財富果真出現在她的生活中，因為她心中只有富裕的畫面。

一個人除非消除潛意識的所有恐懼，否則得不到和平或幸福。**恐懼是害人誤入歧途的負能量，有必要重新定向或轉化成信仰。**耶穌基督說：

你們這小信的人哪，為什麼膽怯呢？

《新約．馬太福音》第8章第26節

在信的人，凡事都能。

《新約．馬可福音》第9章第23節

我的學員三不五時就會問我：「如何擺脫恐懼？」

我回答：「迎著你害怕的事情向前走去。」

**獅子是因為你的恐懼而變得兇猛。迎著獅子向前走去，牠將會一溜煙跑走；但你若企圖逃跑，牠就會追著你跑。**

## 你要事奉恐懼還是信念？

我已經在前面幾章闡明，當一個人毫不害怕花錢時，匱乏這隻猛獅將會銷聲匿跡，因為他只要展現「上帝會供應我一切」的信念，就能立於不敗之地。

我有許多學員都拋開花錢的恐懼，掙脫貧困的束縛，現在他們都變得十分富足。「上帝是賜予者，也是恩禮」的真理已深深烙印在潛意識，一個人只要與賜予者合而為一，就是與恩禮合而為一。有一句話很值得稱道：「我現在感謝上帝這位賜予者，因為上帝就是恩禮。」

長久以來，因為人們總是抱持著分離、匱乏的念頭，所以永遠與善意、富足無緣；有時候就是得引燃炸藥，才能將這些虛妄想法從潛意識中驅逐一空。所謂炸藥指的就是重大事件。

我們在前述範例中可以預見，一個人只要展現無畏的勇氣，就能擺脫自身的束縛。我們應該每小時檢視自己的行動動機，究竟是出於恐懼或信念。看看你「今日就可以選擇所要事奉的」（《舊約・約書亞記》第24章第15節）是恐懼或信念。

如果某人的性格讓你心生恐懼，那就不要逃避他。當你主動歡喜迎向前去，你會發現這些人若不是「幸運連鎖上的黃金環節」，就是會平靜地從你的生命消失無蹤。

如果你擔心疾病或細菌，就應該大膽地待在充滿細菌的環境，不為所動，你將因此獲得免疫。一個人只有在振動頻率與細菌同步時，才可能被細菌接觸感染；而恐懼正好能將人拖至與細菌同層次的高度。當然，負載細菌的疾病就是世俗思想的產物，因為所有思想會化為具體的現實。細菌並不存在於超意識或神聖心智，它們都是人類「虛妄想像力」的產物。

**當人意識到邪惡並不蘊含力量時，「轉瞬之間」他就得到了解脫。**

物質世界將逐漸消失，第四度空間世界——「神奇的世界」將自然顯現，化為現實。

我又看見一個新天新地。
不再有死亡，也不再有悲哀、哭號、疼痛，
因為以前的事都過去了

《新約・啓示錄》第21章第1節&第4節

第 6 課

# 課後小複習

**Q1：如何找到簡單又快速的方式，在潛意識烙下美好印象？**

A：拋下重擔。超意識心智才是為人征戰並減輕負擔的所在。

**Q2：缺乏金錢的人，該怎麼做？**

A：將重擔拋給具備富足信念的超意識，就能獲得充裕供應。

**Q3：我們該如何得到自由？**

A：反覆唸誦：「我將重擔拋給內在的神，我就得到自由了。」

**Q4：想在潛意識烙下深刻印象，什麼是不可或缺的條件？**

A：積極的信念。積極的信念是一座橋梁，讓人們可以通往他的應許之地。

**Q5：我們如何知道重大改進即將出現？**

A：重大改變出現前必有徵兆。

**Q6：但我怎麼都看不到事情改善的徵兆，感覺反而越來越糟？**

A：重大改變出現之前，事情似乎都走了樣。人們往往誤會這些跡象就是顯現本身，因而失望。此時你更要堅定信念，站定不移。

**Q7：恐懼是害人誤入歧途的負能量，如何擺脫恐懼？**

A：迎著你害怕的事情前去。

**Q8：日常生活中，我們應該養成怎樣的習慣？**

A：我們應該經常檢視自己的行動動機，究竟是出於恐懼或信念。

# 拋下重擔，<br>在潛意識烙下深刻印象

- 超意識心智才是為人征戰並減輕負擔的所在。
- 我們必須透過說出口的話語，為自己上緊發條，讓自己轉動起來。
- 積極的信念是一座橋梁，讓一個人可以通往他的應許之地。
- 音樂會在潛意識烙下深刻印象，將靈魂從禁錮中解放，讓美好事物成真。
- 重大改進出現之前，會先看到跡象。
- 我們應該時時檢視自己的行動動機，究竟是出於恐懼或信念。
- 當人意識到邪惡並不蘊含力量時，「轉瞬之間」他就得到了解脫。

幸福能量啟動練習

# 6

## 用肯定句放下重擔

理智受限自身的概念，充滿質疑與恐懼，很難將潛意識從理智中導引出來。練習活用「肯定句」，把重擔交給超意識心智（或內在神性），重擔將「變得輕盈」。

**範例 1：當你感到憎恨等負面情緒時……**

我將憎恨（也可替換為其他情緒煩惱）的重擔全部拋給內在的神，我就得到自由；反而盈滿愛心、和諧與幸福。

**範例 2：當你遭遇困難時……**

我將重擔拋給內在的神，我就得到自由了。

一個人只要展現無畏的勇氣，
就能擺脫自身的束縛。

*The individual was freed from his bondage by showing fearlessness.*

第 7 章

# 愛的法則

## —— 宇宙最強的磁吸力 ——

無私地愛一個人，
就是在完善自己。
付出完美的愛，
你就會接收到完美的愛。

LOVE

*Love is God in manifestation,*
*and the strongest magnetic force in the universe.*

愛是上帝的顯現，也是宇宙間最強大的磁吸力。

## 愛是一種宇宙現象

在這個世界上，人人都在學習相愛。

> 我賜給你們一條新命令，乃是叫你們彼此相愛。
>
> 《新約・約翰福音》第13章第34節

哲學家與數學家鄔斯賓斯基（P.D.Ouspensky）在其著作《第三工具》（*Tertium Organum*）中陳述：「愛是一種宇宙現象。」（Love is a cosmic phenomenon.）愛為人類打開第四度空間，也就是「充滿驚奇的世界」。

真愛無私亦無懼，它將自己傾注在所關愛的對象，而且不求任何回報。因為真愛的喜悅就在於付出。**愛是上帝的顯現，也是宇宙間最強大的磁吸力，純淨、無私的愛會回歸付出的人身上，無須外求或強求。**深刻領悟真愛的人屈指可數。人類的感情世界自私、專橫又容易患得患失，因此容易失去自己真心所愛的事物。嫉妒是愛的頭號大敵，看到自身所愛被他人吸引，想像力就會瘋狂暴衝，一旦恐懼不曾消除，它們必然成真。

一名身陷絕望的女性來找我。她深愛的男士為了另一名女子離開她，還說他從來就沒打算和她結婚。她被嫉妒與憎恨撕成碎片，並說她希望男方也能遭受他加諸在自己身上的痛苦，然後她補充一句：「在我還這麼愛他的時候，他怎能說走就走？」

我回答：「妳並不愛那名男士，妳其實是在恨他，」然後我補充：「**妳永遠不會接收到自己從未付出過的事物**。妳得付出完美的愛，才會接收到完美的愛。請在這名男士身上完善妳自己。請給他完美、無私的愛，不求任何回報，也不要批評或譴責，無論他身在何處都要祝福他。」

她回答：「不要，除非我知道他在哪裡，否則我不會祝福他！」

「這樣的話，」我說，「那就不是真愛。」

「唯有妳付出真愛，真愛才會回報在妳身上，無論真愛來自這名男士或其他條件相當的人。如果這名男士不是神聖揀選，妳就不會渴望他。因為妳與上帝同在，所以能與神為妳揀選的真愛同在。」

幾個月過去了，情況沒有什麼改善，不過她持續在自己身上刻意下功夫。我說：「當妳不再被他的殘酷所困擾，他將不再殘酷。因為這些都是妳自己的情緒作祟吸引來的。」

然後我告訴她印度當地的友好問候方式。他們不會對彼此道「早安」，反而會說：「我向你內在的神性致敬。」（I salute the Divinity in you.）他們向每個人內在的神性致敬，也向叢林中野生動物的神性致敬，因此他們不會受到傷害，因為他們在任何一種生物身上都只看到上帝。

我說：「向那名男士的神性致敬，並說：『我只看到你的神性。我以上帝看你的眼光看你。你是祂以自身形象創造出來的，你是完美的。』」

她發現自己變得越來越沉著、穩定，憎恨也一天天淡去。他是一名船長，她總是稱他為「老大」。

有一天，她突然脫口而出：「無論老大身在何處，上帝保佑他。」我回答：「現在，這才叫做真愛。當妳自身就是『完滿的圓』，不再受外界狀況所擾，妳就會擁有他的愛，或是吸引另一名男士的愛。」

當時我正在搬家，沒有電話可用，因此有好幾個星期我們沒有聯繫。直到一天早晨我收到一封信，上頭寫著：「我們結婚了。」

我一找到機會就打電話給她，第一句話就是問：「發生什麼事？」

「喔，」她激動大喊：「真是奇蹟！有一天我醒來，所有的痛苦都消失了。那天晚上我就見到他了，他開口要我嫁給他。我們一個星期後就結婚了。我從未見過如此全心全意愛我的男人。」

有句古諺是這麼說的：「**沒有人是你的敵人、沒有人是你的朋友，每個人**

**都是你的老師。」**（No man is your enemy, no man is your friend, every man is your teacher.）

因此，每個人都應該學著不要只看到自己，也應學習別人帶來的教誨，一旦學會了，他就能獲得自由。

這名女士的愛人教會了她無私的愛，這是每個人遲早都必須學習的課題。

## 你無須受苦

**受苦對人類的發展並非必要，它其實是違背靈性法則的後果。**似乎很少人可以把自己從「沉睡的靈魂」中喚醒。當人們開心，往往就會變得自私，因果報應法則便自動就定位。一個人往往因為缺乏感恩，才飽嘗失落之苦。

我認識一名女士，她有一位完美的先生，但她經常說：「我根本不在乎婚姻，但那與我的先生無關，我只是對婚姻生活不感興趣罷了。」

她的興趣非常廣泛，忙到幾乎不記得自己還有一個丈夫。她只在見到丈夫的時候才想到他。有一天她的先生告訴她，他愛上另一名女子，然後就離開了。她帶著滿心絕望與憎恨來找我。

我回答：「這不就是妳說出口的話所要求的結局。妳曾說過，妳根本不在乎婚姻，所以妳的潛意識就運作，讓妳脫離婚姻。」

她說：「喔，原來是這樣。我明白了。人們得到了他們想要的結局，然後感到很受傷。」

很快地，她就適應這個結局，而且明白雙方分開以後反而都過得更快樂。

當妻子對她的丈夫漠不關心或挑三揀四，而且不再鼓勵他時，對方就會想念兩人初相識時的激情，進而變得煩躁不安、鬱鬱寡歡。

一名男士來找我，神色沮喪、滿面憂愁而且可憐兮兮。她的妻子對「生命靈數」非常感興趣，要求他閱讀相關書籍。但結果不是很讓人滿意。他說：「我妻子說我這一輩子別想有什麼出息了，因為我的靈數是2。」

我回答：「我不在乎你的靈數是多少，你的神聖心智是完美典範。無窮智慧已經為你規畫好成功與繁榮，現在我們開口向它要求。」

幾個星期後，他得到一個很有利的事業職位；再過一、兩年，他成為一位聲名大噪的出色作家。一個人除非熱愛自己的工作，否則別想在事業上取得成功。藝術家出於熱愛（自己的藝術）所畫的作品，就是個人最精采的傑作，而只想混口飯吃的作家，卻總是讓人忘記他們的存在。

## 宇宙銀行永不倒閉

一個人如果鄙視金錢，就不會吸引金錢近身。許多生活貧困的人都說：「金錢對我來說毫無意義，我看不起有錢的闊佬。」這就是許多藝術家終其一生窮苦潦倒的原因。他們蔑視金錢，因此金錢也遠離他們。

我曾經聽過一名藝術家這樣形容另一名同行：「他才不是什麼厲害的藝術家，他在銀行裡存了很多錢。」

當然，這種心態使他遠離神的充裕供應；他必須與某件事物和諧相處，才能吸引它近身。

**金錢是上帝的體現，能讓人從渴望和限制獲得自由，不過它必須被流通使用，而且花在正確用途。囤積與吝嗇將帶來無情的報復。**

這並不是說個人不應該擁有房產、地皮、股票和債券，因為「正直的人糧倉必然豐饒」；而是說當一個人缺錢的時候，反而不應該囤積本金。當你愉悅無懼地讓錢花出去，就能闢出一條讓更多錢進來的途徑。因為上帝是人們取之不盡、用之不竭的充裕供應。

這就是靈性看待金錢的態度，萬能宇宙這家銀行永遠不會倒閉！

我們在電影《貪婪》（*Greed*）中可以看到一則例子。片中一名女士中了五千美元樂透，但她不想花掉，於是把這筆錢積攢下來，坐視她的先生受苦、受餓，最終自己也淪落至刷洗地板維生。

她熱愛金錢，看待它凌駕任何事物。有一天晚上，她被冷血地謀殺，這筆錢也被奪走了。

這就是「盲愛金錢是萬惡之源」的最佳範例。金錢本身良善、有益，但若把錢用在具破壞性質的事情上、一毛不拔，或是把錢看得比愛還重要，就會帶來疾病與災厄，最終也會失去金錢本身。

**順著愛的途徑前進，一切都將加諸於你，因為上帝就是愛、上帝就是供應。順著自私與貪婪的道路前進，供應就會消失，人也會慢慢偏離常軌。**

舉例來說：我認識一名家財萬貫的女士，她把錢抓得緊緊地，鮮少送東西給人，把那些錢都用來為自己購買各種物品。

她非常喜歡項鍊，一名朋友曾經問她究竟有多少條。她回答：「六十七條。」她買下項鍊以後就把它們收藏起來，小心翼翼地用薄紗紙包好。倘若她拿項鍊出來戴，那就是符合「物盡其用」的法則，但她總是反其道而行。她的衣櫃裡吊滿各式各樣從未穿過的華裳，以及從來不曾公開亮相的珠寶。

之後，這名女士的手臂日益麻痺癱瘓，再也無法舉起重物，最終她被判定無法照顧自己的事業，她的財富必須交由他人來代管。

所以說，人們對法則的無知，將給自己帶來毀滅性的結局。

## 心存善意，世界必以善意報你

**所有疾病、不幸都源自違背愛的法則。**一個人的心中若充滿仇恨、怨憎與批評，這些負面情緒最終都會負載著病痛與悲傷，回歸到他自己身上。愛似乎是一門幾乎失傳的藝術，但擁有靈性法則知識的人，就會知道必須將愛找回來，因為一旦少了愛，他就「成了鳴的鑼、響的鈸」。（編按：本文出自《新約‧歌林多前書》第13章第1節，鑼鈸能發出聲音，卻沒有生命，意指少了愛，人就沒有靈魂。）

我有一名學員月復一月地來找我，想要清除她意識層面的所有憎恨。過一陣子，她只剩下對一名女士的怨憎，光是這樣就已經讓她忙個不停。後來她逐漸變得沉穩、和睦，直至有一天所有憎恨一掃而空。

她容光煥發，大聲地說：「妳沒辦法知道我現在的感受！那個女人對我說了一些難聽話，但我沒有暴跳如雷，反而以愛和善意回報她。事後她向我道歉，而且現在對我好得要命。

「沒有人可以理解此刻我內心有多麼輕鬆！」

在商界，愛與善意都是無價之寶。

一名女士來找我抱怨她的雇主。她說對方真的很冷酷，又愛挑三揀四，她知道對方不想讓她擔任現在的職位。

「這樣啊，」我回答，「向這名女士內在的神性致敬，並對她傳達妳的愛吧。」

她說：「我才辦不到。她根本就是大理石般冰冷的女人！」

我回答：「妳記得某位雕刻家向人要求一塊特定大理石的故事嗎？別人問他為何只要這一塊，他回答：『因為天使就藏身其中。』後來他以這塊大理石，創作出一件偉大的藝術品。」（編註：這是米開朗基羅雕刻《大衛像》時發生的插曲。）

她說：「說得真好。我會試試看。」過了一星期，她回來找我並說：「我照妳的吩咐做了，現在這名女士變得非常客氣，還讓我坐她的車。」

有時候，人們會因為自己多年前曾對某人不友善而心生懊悔。**如果當時犯下的錯誤已經無法修正，現在開始你可以對其他人心存善意，來抵消過往的錯誤。**

我只有一件事，就是忘記背後，努力面前的。

《新約．腓立比書》第3章第13節

# 你是深愛之人的守護者

悲傷、遺憾與懊悔會撕裂身體細胞，讓人魅力盡失。

一名深陷悲傷的女士對我說：「請讓我變得快樂與歡喜，因為我的悲傷，讓我對待家人暴躁如雷、加深業力。」

另外有一名因女兒之死而哀慟的女士，請我為她說肯定句。我否定了所有關於失落與分離的信念，堅稱上帝就是這名女士的喜悅、愛意與平靜。

這名女士的神色立即顯得鎮定自若，但她的兒子開口說話，請我別再說出任何肯定句，因為她看起來「非常快樂，而這樣的表現對一名失去女兒的母親而言，似乎太不得體。」

由此可知，**「世俗心智」喜歡緊緊握住自己的悲傷和遺憾不放手。**我認識一名女性到處吹噓自己遇到天大的麻煩，她總是有類似話題可以到處炫耀。

以前的觀念是，如果一名母親不為自己的兒女操心煩憂，那她就不是好母親。現在我們知道，母親這種與生俱來的恐懼，反倒是造成孩童生活中許多疾病與意外的源頭。

源自恐懼的想像，栩栩如生地描繪了疾病或讓人害怕的景況，這些畫面要是沒有被消滅，就會在現實生活中成真。

一名母親若可以真心誠意地說出，她將兒女交到上帝的手中，並堅信孩子會被聖靈守護，她的心中將充滿幸福。

一名女士突然在三更半夜驚醒，真切感覺到自己的兄弟正置身極可怕的險境。她沒有屈服於恐懼，反而開始說出以下的真理宣言：「人是神聖心智的完美構想，總是站在正確的位置。因此，我的兄弟正站在自己正確的位置，而且受到神聖保護。」

第二天，她發現她的兄弟曾經很接近一枚地雷的爆炸現場，最終奇蹟般地逃脫。

因此，人們是自己兄弟姊妹（在意念上）的守護者，每個人都應該知道，自己深愛的人「住在至高者隱密處的，必住在全能者的蔭下」（《舊約・詩篇》第91篇第1節）。

禍患必不臨到你，災害也不挨近你的帳篷。

《舊約・詩篇》第91篇第10節

愛既完全，就把懼怕除去。懼怕的人在愛裡未得完全。

《新約・約翰一書》第4章第18節

所以愛就完全了律法。

《新約・羅馬書》第13章第10節

第 7 課

# 課後小複習

**Q1：宇宙間最強大的磁吸力為何？**

A：愛。純淨、無私的愛會回歸付出的人身上，無須外求或強求。

**Q2：印度當地的友好問候方式為何？**

A：跟對方說：「我向你內在的神性致敬。」

**Q3：人為何會飽嘗失落之苦？**

A：因為缺乏感恩。當人們開心，往往就會變得自私。因果報應法則便會自動就定位。

**Q4：人為什麼會受苦？**

A：因為違背靈性法則。所有不幸、疾病都是源自違背愛的法則。

**Q5：為何有些有錢人過得幸福，有些有錢人卻身敗名裂？**

A：前者把錢花在正確用途，後者只知囤積與吝嗇。盲愛金錢是萬惡之源。金錢是上帝的顯現，能讓人從渴望和限制獲得自由，但它必須被流通使用。囤積與吝嗇將帶來無情報復。

**Q6：如果一個人曾犯下無法修正的錯誤，他該如何挽回？**

A：對其他人心存善意，來抵消過往的錯誤。

**Q7：「世俗心智」的特性是什麼？**

A：世俗心智喜歡緊握自己的悲傷和遺憾不放手。源自恐懼的想像，會在現實生活中成真。

# 愛的法則

- 嫉妒是愛的頭號大敵，一旦恐懼不曾消除，它必然成真。
- 付出完美的愛，才能接收到完美的愛。
- 沒有人是你的敵人、沒有人是你的朋友，每個人都是你的老師。
- 金錢必須被流通使用，且花在正確用途。囤積與吝嗇將帶來無情的報復。
- 把錢看得比愛還重要，就會帶來疾病與災厄，最終也會失去金錢本身。
- 悲傷、遺憾與懊悔會撕裂身體細胞，讓人魅力盡失。

幸福能量啟動練習

# 7

## 愛的發聲練習

為你周遭的人說「肯定句」，以純淨、無私的愛祝福他或她，純淨、無私的愛，終將返回你自身。

**範例 1：當你覺得自己憎恨某人時……**

我只看到你的神性。我以上帝看你的眼光看你。

你是祂以自身形象創造出來的，你是完美的。

**範例 2：當你想祝福某人成功時……**

你的神聖心智是完美典範。

無窮智慧已經為你規畫好成功與繁榮，

現在我們開口向它要求。

**範例 3：當你擔心親友的安危時……**

人是神聖心智的完美構想，總是站在正確的位置。

因此，○○（人名）正站在自己正確的位置，

而且受到神聖保護。

順著愛的途徑前進，一切都將加諸於你，
因為上帝就是愛、上帝就是供應。

*Follow the path of love, and all things are added,*
*for God is love, and God is supply.*

第8章

# 遵循直覺的指導

## ——「靈機一動」的奧祕——

神的指示將經由直覺到來，

也許是某人偶然的評論，或書中某一段文字。

其答案之精準，有時令人目瞪口呆。

INTUITION OR GUIDANCE

*In all thy ways acknowledge Him and He shall direct thy paths.*

在你一切所行的事上，都要認定祂，祂必指引你的路。

——《舊約・箴言》第 3 章第 6 節

## 說出願望，靜待指示

**對一個深知自己話語的威力，並遵循自身直覺引導的人來說，最偉大的成就莫過於此。**他透過語言啟動隱不可見的力量，藉此重塑自己的身體或重新改造自身的境況。

因此，我們必須小心自己的遣詞用字，並慎選我們希望無形力量幫助自己達成的願望。因為上帝就是我們的供應，每一個需求都有相對應的供應，而你說出口的話，將會釋放這些供應。

求必有得。

《新約・馬太福音》第7章第7節

所以，人必須先踏出第一步。

你們親近神，神就必親近你們。

《新約・雅各書》第4章第8節

經常有人問我，該如何祈禱才能應驗。

我回答：「**直白地說出來。但在沒有獲得明確指示之前，先別輕舉妄動。**」

若你想要求明確的指示，可以這樣說：「無窮神靈，請指引我道路，讓我知道我還能做些什麼。」

答案將經由直覺（或預感）到來；也許是某人偶然的評論，或是書中某一段文字。其答案之精準，有時會讓人目瞪口呆。

舉例來說：有一名女士想要一大筆錢，於是她直白地說出口：「無窮神靈，請立即為我開闢供應的道路，讓聖靈為我預備的一切釋放，向我湧來吧。」然後她追加一句：「請給我明確的指示，讓我知道自己還能做些什麼。」一個想法突如其來冒出心頭：「給某位（曾在精神上幫助過她的）朋友一百美元」。她把這件事告訴另一個朋友，後者說：「先等另一個指示出來，再給。」所以她先暫緩一下。結果當天她就遇到另一名女士對她說：「我今天給了某人一美元。以我的經濟狀況來說，這個金額等同於妳給別人一百美元。」

這是一個相當明確的指示，所以她知道自己給出一百美元是正確之舉。後來證明這項禮物是一筆絕佳的投資，很快地，她就以一種不平凡的方式獲得一大筆錢。

**要想獲得就必須先付出，一個人若想創造財富就應該先付出**。奉獻個人收入的十分之一是猶太人的古老傳統，肯定會帶來更多回報。這個國家許多最有錢的富人都樂善好施，我從未聽他們抱怨這是失敗的投資。

持續付出十分之一的收入，就會得到祝福及數倍的回報。不過贈送禮物或奉獻十分之一的收入，必須出於愛與快樂。

捐得樂意的人是神所喜愛的。

《新約．哥林多後書》第9章第7節

**付帳時必須心甘情願，花錢時要捨得，帶著祝福的心送出這些錢。**

這樣的心態可以讓人成為金錢的主人。金錢會聽從主人的使喚，他說出口的話，會打開龐大財富的大門。

一個人的狹隘視野會限制他的供應，可惜即使學員充分明白財富的運作原理，仍會害怕採取行動。

視野與行動必須攜手並進，就像前面章節（第五章「因果報應法則與寬恕法則」）提到的那位購買皮草襯裡大衣的男士。

## 順應直覺的指示

一名女士來找我，請我為她渴求的職位「給個肯定」。於是我開口要求：「無窮神靈，請為這位女士開闢正確的職位管道。」絕對不要只要求「一個職位」，而是應該要求「正確的職位」，因為這是神聖心智已經規畫好的位置，也是唯一可以讓人真正心滿意足的職位。

隨後我還感謝她「**已經**」得到這個職位，而且很快就會成真。過沒幾天，她就接獲三份錄取通知，兩份在紐約、一份在佛羅里達州棕櫚灘。她不知道應該選擇哪一個。我告訴她：「要求明確指示。」

回覆時間快到了，但她還沒下定決心。有一天，她打電話給我：「今天早上我醒來時，聞到了棕櫚灘的味道。」以前她去過當地，記得棕櫚樹的香氣。

我回答：「這樣說來，如果妳能從這裡聞到棕櫚灘的味道，那它肯定是妳的明確指示了。」她接受了那個職務，事實證明她做得有聲有色。一個人所得到的指示，往往是在意料之外的時刻出現。

有一天我走在街上，突然間興起一股強烈渴望，想要去一、兩個街區外的某一家麵包店。

我的理智反抗並主張：「那裡沒有妳想要的東西。」但我早已學會不去太理性思考，我進了麵包店，四下環伺，現場的確沒有我想要的東西。當我走出店門，竟巧遇一名我經常惦記的女士，她亟需幫助，而我正好幫得上忙。

很多時候，一個人想要做某件事，反倒意外遇上另一件事。

**直覺是一種靈性能力，無以名狀，只是單純地為我們指出方向。**

一個人經常在進行「肯定聲明」的過程中得到指示，這些靈機一動有時看似無關緊要，但有些來自上帝的指引，確實十分「奧祕」。

## 負面思維吸引不幸與疾病

有一天在課堂上，我正在為所有學員進行肯定聲明，好讓他們得到明確指示。之後一名女士走向我，然後開口說：「在妳進行肯定聲明時，我突然心生一股靈感，想把家具從倉庫裡搬出來，然後去找一間公寓。」這名女士是為了身體健康來找我給個處方。我告訴她，我知道一旦她找到自己的房子，身心健康就會大幅改善。

然後我追加一句：「我相信妳的麻煩就是身體淤塞不通暢，這都是因為妳囤積事物。一旦外物累積太多，就會導致身體淤塞不通暢。妳違背了善用法則（the law of use），因此妳的身體正為此付出代價。」

於是，我感謝「她的心智、身體與外在事務之間，已建立起神聖秩序。」

人們鮮少去思考外在事務將如何影響身體健康。每一種疾病都可以對應到某一種心理狀態。**人一旦理解到，在神聖心智中他的身體即是完美構想，就會瞬間不藥而癒，從此健全、完美。**但如果再次抱持破壞性思維，如囤積、仇恨、恐懼與譴責等念頭，疾病就會捲土重來。

耶穌基督知道，所有的疾病都來自罪愆，祂在治癒痲瘋病人後諄諄告誡患者不可再犯罪，以免被更糟的罪過糾纏不清。

因此，一個人的靈魂（或潛意識心智）必須被洗刷得比雪還潔白，才能得到永久的療癒。玄學家也總是深入探討潛意識心智與疾病之間的「相互呼應」（correspondence）之道。

耶穌基督說：

> 你們不要論斷人，就不被論斷。你們不要定人的罪，就不被定罪。
>
> 《新約．路加福音》第6章第37節

**譴責他人，結果就是吸引疾病和不幸上身。**一個人譴責別人的話語，最終反會吸引這些負面事物纏上自己。

一位朋友滿腹怒氣與痛苦來找我，因為她的先生為了另一名女子棄她而去。她譴責那名女子，一再痛斥：「她明知他是有婦之夫，根本無權接受他示好。」

我回答：「別再譴責那個女人了，改成祝福她，然後妳要熬過這一關。否則，妳就會為自己招來相同的壞事。」

她對我的話置若罔聞。一、兩年後，她自己反而對一名有婦之夫產生濃厚的興趣。

當一個人口出惡言批評或譴責他人，就像是拾起一根帶電的電線，終有一日可能招來嚴重的電擊。

## 遵行宇宙意志

**猶豫不決是康莊大道上的絆腳石**。為了克服這個障礙，我會反覆聲明以下句子：

**我永遠受到聖靈的啟發，能迅速做出正確決定。**

這些話語會在潛意識烙下深刻印象，很快地，我們會發現自己變得神智清明、意志警醒，並毫不遲疑地做出正確行動。我發現，若想從心理層面尋求指導，其實反而有害，因為它是來自世俗的集體心智，而非「**單一心智**」（The One Mind）。

當一個人的心智停在主觀層面，他將成為有害力量鎖定的目標。心理層次由人的世俗思想所構成，是「相反的兩種事物同時存在」的領域，代表一個人接收到的訊息不是有益就是有害。

生命靈數或占星學將個人限縮在心理或世俗的層次上，因為它們只能解釋因果報應。

我認識一名男士，根據他的星盤所示，他早在幾年前就該從人生舞台謝幕，不過他至今仍活得好好的，而且還是美國最大人權運動組織的領袖。

想要抵消不好的預言，需要異常強大的心智。我們應該這樣聲明：「每一個虛假預言都將化為烏有；天父不曾規畫過的計畫都該消滅，就在此刻，神聖旨意就要應驗。」

如果獲得關於幸福、財富將至的好消息，請耐心靜候它的到來，早晚它將借道**預期法則**（the law of expectancy）體現出來。

一個人的意志應該用來支持宇宙意志，「我願意遵行上帝的旨意。」

**上帝的旨意就是要施予每個人，並滿足他心中每一個正當的願望，一個人的意志應該用來堅守完美的願景，絲毫不動搖。**

回頭的浪子會說：「我會振作起來，去見父親。」（《新約・路加福音》第15章第18節）

誠然，若想擺脫無用、下流的世俗思想，堅強的意志力確實有其必要。對普通人來說，臣服恐懼比堅定信仰容易得多。信仰就是一種意志的努力。

當一個人在心靈層面覺醒後，他將體認到，任何外部的不協調，都與內心的不和諧相互呼應。當他跌倒或墜落，他會知道那其實是來自意識層面的跌倒或墜落。

有一天，一名學員走在路上，一邊譴責腦子裡正想到的某個人。她在心中喃喃自語：「那個女人真是全世界最不可理喻的人！」突然有三名男童軍衝過街角，差一點就把她撞倒。她並未譴責這幾名男童軍，反而立刻召喚寬恕法則，並「對著腦中這名女士的內在神性致敬」。智慧的運作之道就是幸福的運作之道，她所走的每一條路都充滿了平安。

## 神聖心智不會虧損

**當一個人向宇宙提出要求，就必須做好準備迎接意外驚喜。現實中的每一件事看似正在走偏，其實最終都會朝著正確方向前進。**

一名女士被告知，神聖心智不會有任何減損，凡是屬於她的事物就不會消失；任何損失終有一天將返回，或者她將收到相當的回報。

幾年前，她曾經損失兩千美元。她這一生中就借過一名親戚那麼一筆錢，但這名親戚後來撒手人寰，並未在遺囑中提到這件事。這名女士滿心憎恨、滿腹怒氣，但由於她不曾寫下任何借條，所以也無法收回這筆錢。她下定決心不承認這筆損失，而且要向宇宙銀行討回來。首先，她必須從原諒這名親戚做起，因為憎恨與不寬恕只會讓神奇的宇宙銀行緊閉大門。

她這樣說：「我否認這筆損失，因為神聖心智不會有任何減損，因此我不會損失上帝授權我擁有的兩千美元。『天無絕人之路。』」

當時她住在一間待售公寓中，租約中有一則條款明言，一旦這間房子售出，房客必須在九十天內搬離。

有一天，房東在租約未到期時突然提高租金。不公正再次阻撓了她的前進之路，但這次她絲毫不受干擾，反而祝福房東：「租金上漲意味著我將會變得更富有，因為上帝就是我的供應。」

新租約已經簽定，但由於某個神來之筆的錯誤，遺漏了「九十天搬離」條款。不久，房東遇上一個出售房子的好機會，但由於新租約的疏失，所有房客都可以再續住一年。

房仲業者先是提議，任何房客只要願意搬走就可以獲償兩百美元。幾戶人家因此搬走了；最終還有三戶沒有動靜，包括那名女士。一、兩個月過去了，房仲業者再次現身。這次他對這名女士說：「妳願意接受一千五百美元的補償金並放棄租約嗎？」一個念頭突然掠過她的心頭，「我的兩千美元回來了！」她記得之前曾對其他留下的房客說：「如果有人再次提起搬家的事，我們要一起行動。」因此，她收到的**指示**就是：去找其他房客商量。

其他房客說：「如果他們拿得出一千五百美元，肯定就給得起兩千美元。」於是她放棄租約，換來一張兩千美元的支票。這個結局就是法則運作的不可思議之處，之前看似不公平的新租約，其實幫了她開闢了一條康莊大道。

這則事實證明，人只要堅守自己的靈性立場，就不會有損失。因為他會從上帝的寶物之庫，領受所有屬於他的一切。

> 那些年蝗蟲所吃的，我要補還你們。
>
> 《舊約．約珥書》第2章第25節

蝗蟲代表了凡俗思想中的懷疑、恐懼、憎恨與遺憾。

光是這些負面思想就足以掠奪個人所有，因為「**除了自己以外，無人能施**

**予；除了自己以外，無人能奪走。」**

人來到世上便是為了「證明上帝」，同時「為真理做見證」，唯有從匱乏中求得豐盛、從不公平中求得正義，方可證明上帝的存在。

耶和華說，以此試試我，是否為你們敞開天上的窗戶，傾福與你們，甚至無處可容。

《舊約．瑪拉基書》第3章第10節

第 8 課

# 課後小複習

**Q1：對於深知話語威力的人而言，最重要的事情是什麼？**

**A**：遵循自身直覺的引導。

**Q2：該如何祈禱才能應驗？**

**A**：直白地說出來。但在沒有獲得明確指示之前，先別輕舉妄動。

**Q3：什麼是為猶太人帶來財富的古老傳統？**

**A**：奉獻個人收入的十分之一。

**Q4：怎樣的心態可以讓人成為金錢的主人 ？**

**A**：想創造財富就應該先付出。付帳時必須心甘情願，花錢時則要捨得，帶著祝福的心送出這些錢。

**Q5：譴責他人會帶來什麼結果？**

**A**：吸引疾病和不幸上身。一個人譴責他人的話語，最終反會吸引這些負面事物纏上自己。

**Q6：如何擺脫無用的世俗思想？**

**A**：堅守完美願景的意志力與信仰。人只要堅定自己的靈性立場，就不會有所損失。

**Q7：神的指示何時會出現？**

**A**：指示往往是在意料之外的時刻出現，像是突然興起的一股強烈渴望，或是靈機一動。

**Q8：當一個人向宇宙提出要求，之後該怎麼做？**

**A**：做好準備迎接意外驚喜，即使現實中的每一件事看似正在走偏，仍要堅定不移。堅守自己的靈性立場，就不會有損失。

# 直覺或指導的法則

- 上帝就是我們的供應，你所說出口的話將釋放這些供應。
- 一個人若想創造財富就應該先付出。奉獻個人收入的十分之一，肯定會帶來更多回報。
- 付帳時要心甘情願，花錢時要捨得，帶著祝福的心送出這些錢。
- 直覺是一種靈性能力，無以名狀，只是單純地為我們指出方向。
- 人一旦理解，在神聖心智中他的身體即是完美構想，就會瞬間不藥而癒，從此健全、完美。
- 當一個人向宇宙提出要求，就必須做好準備迎接意外驚喜。
- 堅守自己的靈性立場，就不會有所謂的損失。

幸福能量啟動練習

# 8

**練習「遵從直覺的指示」**

深知自己話語的威力，並遵循自身直覺的引導，就可以啟動隱不可見的力量，藉此重新改造自身的境況。你可以依照以下的步驟執行：

步驟1：直白地說出請求，在沒有獲得明確指示前，先別輕舉妄動。

步驟2：要求明確的指示，你可以這樣說：
無窮神靈，請指引我道路，讓我知道我還能做些什麼事。

步驟3：答案將經由直覺（或預感）到來，也許是：
・某人偶然的評論
・書中某一段文字
・突然間興起的一股強烈渴望
・想要做某件事，反倒意外遇上另一件事……

步驟4：遵從指示行動，堅定信念，直到願景成真！

猶豫不決是康莊大道上的絆腳石。

*Indecision is a stumbling-block in many a pathway.*

第 9 章

# 完美的自我表現

## ——落實你的神聖設計——

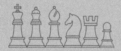

一個人的至高追求，
就是落實自身生命的神聖設計。
上帝的完美計畫包括：
健康、財富、愛和完美的自我表現。

PERFECT SELF-EXPRESSION OR THE DIVINE DESIGN

*No wind can drive my bark astray*
*nor change the tide of destiny.*

風不能迫使我的輕舟偏軌，也無法逆轉命運之湍流。
—— 美國自然文學作家約翰·巴勒斯（John Burroughs）
詩作〈等待〉（*Waiting*）

# 釋放你的完美計畫

每個人都有自己的完美表現。有一處空位他必須填補，沒有人可以取代；有一件事他必須執行，沒有人可以代勞；這就是他的命運！

這是人的命定成就，是神聖心智的完美構想，就等著個人認可。由於想像力就是創造力，對一個人來說，你必須先看到這個完美構想，成就才會實現。

因此，**一個人的至高追求，就是落實自身生命的神聖設計**（the Divine Design of his life）。

對於何謂「神聖設計」，他自己可能連最模糊的概念都沒有，但他的內心深處很可能隱藏著一種非凡的天賦。

他應該要求：「無窮神靈，請為我生命中的神聖設計開闢一條讓它充分體現的康莊大道；且讓我內蘊的才華被即刻釋放；且讓我清楚看見完美的計畫（the perfect plan）。」

**完美的計畫包括健康、財富、愛和完美的自我表現。完整的生命進而帶來完美的幸福。**當一個人提出他的需求，有可能會發現自己的生活正掀起巨大變化，感覺一切似乎都在偏離神聖設計。

我認識的一名女士，她在提出需求後，生活彷彿遭到暴風雨橫掃，但經過適當的調整之後，她隨即展開嶄新的美好生活，取代了原有的舊生活。

完美的自我表現永遠無須費力，當你樂在其中時，它幾乎就像是在玩遊戲那般有趣。學員們也都知道，**當一個人進入上帝提供金援的世界中，完美自我表現所需的供應即刻唾手可得。**

多年來，許多天賦異稟的天才都曾經遭逢匱乏的問題，一旦他將需求說出口並抱持信念，他所需要的資金將因此迅速釋出。

舉例來說：某天下課後，一名男士來找我並遞給我一美分。他說：「現在我全身上下只剩下七美分，我將給妳一美分，因為我對妳的語言力量充滿信心。現在我想請妳為我的完美自我表現與富裕給個肯定。」

於是我為他「說肯定句」，之後我整整一年都不曾再見到他。有一天他又來找我，變得既成功又快樂，而且口袋裡塞著大把鈔票。

他說：「妳為我說完肯定句以後，我馬上接到一份遠在他鄉的職位。現在我擁有健康、幸福與財富。」

而一個女人的完美自我表現也有可能是成為完美嬌妻、完美慈母、完美家庭主婦，不必非得在公共事業上有所成就。

務必要求明確指示，然後你就能踏上一條輕鬆、成功的道路。

## 以肯定聲明克服恐懼

一個人不該以觀想或強制方式產生關於神聖設計的意象。當他要求神聖設計進入他的潛在意識，就會接收到閃現的靈光，見到自己正在實踐偉大的成就。那有可能是一幅畫面或一個構想，他應該堅定等待、絕對不可動搖。

其實，一個人正在尋找的事物也正在尋找他，就像電話找到貝爾（Alexander Graham Bell，編按：電話發明人亞歷山大．葛萊翰．貝爾）一樣！

父母絕對不應該強迫自己的兒女從事特定職業與專業。他們可以帶著對靈性真理的領悟，在兒女幼兒時期或出生前，對他們說出神聖計畫事先安排好的肯定。父母在孩子出生之前，應該進行以下的肯定聲明：

> 且讓這孩子內在的神性得以完美表現；讓他的心智、身體與外在事務的神聖設計，在他這一生中永遠都得以彰顯。

所有經書諄諄告誡我們：是上帝的意志被行使，而非人的意志；而且，是以上帝的方式，而非個人的方式。**《聖經》是一本探討心智科學的書籍，它告訴人們如何才能擺脫束縛、釋放靈魂（或說潛意識心智）。**

《聖經》中所描述的戰役都是人類對抗世俗思想的畫面。

> 人的仇敵就是自己家裡的人。
>
> 《新約．馬太福音》第10章第36節

人人都是約沙法（Jehoshaphat，猶大國的第四任君王），人人也都是大衛（David，未來的以色列國王），他拿起白色小石塊（即信仰）殺死巨人歌利亞（Goliath，即世俗思想）。

因此，一個人必須留意，自己是否埋葬了天賦，成為「又惡又懶的僕人」

（《新約・馬太福音》第25章第26節）。倘若無法發揮自身的能力，將必須付出慘重的代價。

恐懼經常擋在一個人與他的完美自我表現之間。登台前的怯場阻礙許多天賦異稟的英才，但這個問題可以藉由說出口的話語或肯定聲明來克服。之後人們會揚棄所有自我意識，並察覺自己就是無窮智慧借道表達祂自身的管道。他會受到直接的啟發、無所畏懼並滿懷自信，因為他感覺到「心中的父」正在為他工作。

一名小男孩經常陪同他的母親來到我的班級，他要求我為他即將到來的學校考試「給個肯定」。我告訴他要這樣說出肯定聲明：

**我擁有無窮智慧，我知道這門科目中我應該知道的一切。**

他的歷史讀得很好，卻對算術不太有把握。後來我再見到他，他說：「我為自己的算數說肯定句，然後我就得到最高分。不過我本以為靠自己就能讀好歷史，結果考得超爛。」**當一個人「對自己太有把握」，經常就會受到挫折，這意味著，他相信的是自己，而非「心中的父」。**

## 沉著就是力量

關於這方面，我有另一名學員做了一個示範。有一年夏天，她完成一趟長途的海外旅行，造訪了許多國家。

她對當地的語言一竅不通。所以她每分鐘都在召喚指引與保護，結果她的旅途奇蹟似地一路平順。她的行李從來沒有延誤或丟失過！最舒適的飯店早已為她準備好下榻房間，而且她無論行經何處都能享受到完美服務。

後來她回到紐約，回到熟悉的土地和語言，她覺得再也不需要上帝了，因此開始採取平常方式過日子。結果每一件事都出錯了，她的行李延誤，所有事情亂成一團。

這名學員應該養成習慣，每分鐘都「練習與上帝同在」，無論是雞毛蒜皮的小事或是舉足輕重的大事。

在你一切所行的事上都要認定他。

《舊約．箴言》第3章第6節

有時候，一樁無關緊要的事件，可能就是個人生命的轉折點。羅伯特．富爾頓（Robert Fulton，編按：十八世紀發明蒸汽船的美國工程師）看著水在茶壺裡慢慢沸騰，因此發明了蒸汽船！

我經常看到一名學員因為抗拒或試圖主導事情走向，反而讓事情更難以進展。他只將信念鎖定在某一領域，並指定只能以他希望的方式實現，結果讓事情陷入僵局。

**「以我的方式，而非你的方式！」**（My way, not your way!）是無窮智慧的指令。就像所有動能一樣，管它是蒸汽或電力，都必須藉由零阻力的引擎或儀器設備，才能發揮功能，而個人就是這具引擎或儀器設備。

我們人類一而再，再而三被告知要「站定不移」。

猶大和耶路撒冷人哪，不要恐懼，也不要驚惶。
明日當出去迎敵，因為耶和華與你們同在。
這次你們不要爭戰，要擺陣站著，
看耶和華為你們施行拯救。

《舊約・歷代志下》第20章第17節

我們看到，在前章的兩千美元事件中，那名女士不抵抗也不受干擾，結果經由房東獲得兩千美元；另一名女士則是「在所有苦難都消失之後」贏得男士的真愛。

我們的目標就是要沉著冷靜！**沉著冷靜就是力量，因為它賦予神力一個機會可以進入個人內在，以便「下定決心並成就祂的好意」**。

一個人沉著冷靜就能清楚思考，並「迅速做出正確決定」，他絕對不會錯過任何一個機會。

## 恐懼與擔憂都是罪過

憤怒使人盲目，也會毒害個人血液，正是許多疾病的根源，而且還會導致失敗的錯誤決定。憤怒的殺傷力太強，被視為最惡劣的「罪過」之一。我們學

到，在玄學領域中，罪過的定義遠比以前的教義更加廣泛，「凡不出於信心的都是罪。」（《新約．羅馬書》第14章第23節）

**人們會發現，恐懼與擔憂都是致命的罪過，它們是倒置的信念，也是被扭曲的心智圖像，會將憂懼化為現實。**人們的工作就是將這些敵人（從潛意識中）驅逐出去。「一旦人無所畏懼，他就完整了！」（When Man is fearless he is finished!）摩里斯．梅特林克（Maurice Maeterlinck，編按：比利時文學家，諾貝爾文學獎得主，《青鳥》作者）說：「人，就是會感到恐懼的神。」（Man is God afraid.）

因此，正如我們在前面幾章所讀到的內容：人唯有正面迎向他所恐懼的事物，才能戰勝恐懼。當約沙法和他的軍隊準備迎擊敵軍時，大聲唱著：「讚美耶和華，因他的慈愛永遠長存。」（《舊約．詩篇》第136篇第1節）他們發現，敵軍已經自己互相殘殺，因此戰爭根本沒得打。

一名女士要求朋友傳遞訊息給另一位友人，傳訊的朋友害怕幫忙傳話，因為理智對她說：「別蹚這趟渾水，不要幫忙傳話。」她的身心備受困擾，因為她已經答應了。最後，她決定「迎著獅子向前走去」，並召喚神聖保護的法則。她去見那名要求她幫忙傳話的女士，開口請她吩咐，結果那位女士說：「某某已經出城去了。」由於傳話的必要條件是收到訊息的人必須在城中，因此就沒有傳話的必要了。由於她本身願意代為傳話，現在她等於是免責了；當她不再害怕，問題便就此消失。

## 感謝無形，收獲有形

一個人的願望之所以沒有實現，都是源自不完整的信念。我們應該做出以下聲明：

**在神聖心智中，唯有完滿，因此，我的實際作為就此完滿。我有完美工作、完美家庭、完美健康。**

無論他要求的是什麼，都存在神聖心智的完美構想裡，而且「在蒙受恩典之下以完美的方式」體現出來。他感謝自己已經得到無形的，並採取積極的準備工作，以接收有形的事物。

我有一名學員需金孔急。她來找我，問我為何至今都沒有出現完滿結果。我回答：「也許妳養成了任何事都不曾有始有終做完的習慣，所以潛意識也安於什麼事都不用做到底（表象如此，內在亦如此）。」

她說：「妳說對了！我經常虎頭蛇尾。我等一下要回家完成幾星期前已經起頭的工作，我知道那對我的財富顯現有很大的象徵意義。」

於是她堅持不懈地做針線活，很快就完成衣物。不久後，她需要的錢竟以一種最奇妙的方式出現了。

那個月她的先生拿了兩次薪水。他跟發薪單位說他們搞錯了，但對方叫他收下來就好。當一個人提出要求並真心相信時，他就一定會得償所願，因為上帝會創造祂自己的管道！

有時候有人會問我：「假設一個人具備好幾種天賦，他怎麼知道應該選擇發揮哪一種？」此時你可以要求明確指示，像這樣說：

**無窮神靈，請提供我明確指示，請向我展示完美的自我表現，讓我看見現在我應該發揮的天賦。**

我知道，人們會在沒有受過任何訓練的情況下，突然被要求全副武裝投入一門新的工作領域。此時我們應該做出以下聲明：「我已經準備好要投入神聖計畫為我做好的安排了。」然後無所畏懼地掌握機會。

## 施與受的完美平衡

有些人是快樂的施予者，卻是惡劣的收受者。他們因為自尊心或某種負面理由拒絕他人的禮物，就此封閉自己的管道，最終發現自己所剩寥寥無幾，甚至一無所有。

一名女士贈與大筆金錢給他人，當有人送她一筆幾千美元的大禮時，她卻婉拒，說自己根本不需要。沒多久，她的財務狀況就捉襟見肘，她發現自己的負債金額相當於那筆現金大禮。人們應該優雅從容地收下不需要你回報的餽贈，「你們白白地得來，也要白白地捨去。」（《新約・馬太福音》第10章第8節）

**施與受之間永遠有一道完美的平衡，雖然一個人給予之際不應該盤算回報，但如果他不接受給他的回饋，那就是違背法則**；因為所有禮物都來自上帝，人們只不過是管道。

不要看低施予你的人，認為對方有所匱乏。

前述那名男士給我一美分時，我並沒有說：「這個可憐的傢伙哪裡有錢給我。」

我看到的是他變得有錢、飛黃騰達，而且他的供應源源不絕地湧入。正是這個想法帶來這種結局。**若某個人一直都是差勁的收受者，他必須改變自己，成為一個良善的收受者**；就算別人只給他一張郵票，他也應該收下來，然後打開接收的管道。

神喜愛那樂意接收的人，一如樂意付出的人。

# 自由來自天命的彰顯

經常有人問我，為何有人天生富有又健康，有人卻貧困又百病纏身？有因就有果，沒有任何事情是偶然的。這個問題可以採用輪迴法則（the law of reincarnation）回答。人經歷許多生與死，直至他領悟讓他得到自由的真理。由於他心中尚有未被滿足的渴望，因此被送回地球表面，以便償還他的因果債務或「完成他的使命」。

一個富有又健康的人，他的前世已經在潛意識裡描繪健康與富有的畫面，反之，一個貧窮又百病纏身的人，則是描繪疾病與貧困。無論在哪個層面，一個人所顯化出來的，就是他自身所有潛意識信念的總和。

然而，生與死是人為的法則，因為「罪過的代價就是死亡」。亞當的墮落是因為誤信有兩股力量存在，人類的世俗思想亦同。真實又熟知靈性的人則是無生亦無死！他從未出生也從未死亡，亦即「起初如何，今日亦然，直到永

遠！」（語出《聖三光榮經》）

因此，一個人唯有藉由真理，才能擺脫因果報應法則、罪惡與死亡，並彰顯上帝依照「祂的模樣及形象」創造而生。**一個人真正的自由來自完成他的使命，並充分彰顯神聖設計為他安排的人生。**

主人說：「好，你這又良善又忠心的僕人，你在不多的事上有忠心，我要把許多事派你管理（即死亡本身）；可以進來享受你主人的快樂（即永生）。」

《新約・馬太福音》第25章第23節

第9課

# 課後小複習

**Q1：一個人的至高追求是什麼？**

A：落實自身生命的神聖設計。

**Q2：何謂「神聖設計」？**

A：內心深處隱藏的非凡天賦，神聖的完美計畫包括健康、財富、愛和完美的自我表現。

**Q3：探討心智科學，告訴我們如何才能擺脫束縛、釋放潛意識心智的最古老典籍為何？**

A：《聖經》。

**Q4：當一個人「對自己太有把握」，會發生什麼事情？**

A：他會經常受到挫折，因為他相信的是自己，而非「心中的父」。

**Q5：當一個人抗拒或試圖主導事情走向，會有什麼結果？**

A：事情會更難以進展，陷入僵局。

**Q6：什麼可以賦予神力一個機會進入個人內在？**

A：沉著冷靜的心態。

**Q7：什麼情緒會毒害血液，是疾病的根源，也是殺傷力強的「罪過」之一？**

A：憤怒。

**Q8：明明已經提出要求，願望為何遲遲沒有實現？**

A：願望沒有實現源自不完整的信念。當一個人做事虎頭蛇尾，潛意識也會安於什麼事都不用做到底。

**Q9：施與受應該維持怎樣的關係？**

A：施與受之間應該維持完美的平衡，不僅要當一個擅長給予的人，也應學會當一個擅長領受的人。

**Q10：一個人真正的自由來自什麼？**

A：一個人真正的自由來自完成他的使命，並充分彰顯神聖設計為他安排的人生。

# 神聖設計與完美的自我表現

- 一個人的至高追求，就是落實自身生命的神聖設計。
- 要求明確指示，就能踏上一條輕鬆、成功的道路。
- 《聖經》告訴人們如何才能擺脫束縛、釋放靈魂或潛意識心智。
- 沉著冷靜就是力量，它賦予神力一個機會進入個人內在，以便「下定決心並成就祂的好意」。
- 恐懼與擔憂都是致命的罪過，是被扭曲的心智圖像，會將憂懼化為現實。
- 當一個人提出要求並真心相信，他就一定會得到！
- 施與受之間永遠有一道完美的平衡。
- 個人唯有藉由真理，才能擺脫因果報應法則、罪惡與死亡，終獲自由。

## 幸福能量啟動練習

# 9

### 完美的自我表現練習

每個人都有自己的神聖設計，這是人的命定成就，是神聖心智的完美構想，就等著個人認可。你必須先看到這個完美構想，成就才會實現。你可以在日常生活中進行以下練習：

練習 1：提出需求，要求明確指示，接受生活中的巨大變化，並樂在其中。

練習 2：要求神聖設計進入潛意識，接收閃現的靈光，堅定等待、絕不動搖。

練習 3：留意自己是否埋葬了天賦，成為「又惡又懶的僕人」。

練習 4：養成習慣，練習每分鐘都「與上帝同在」，凡事都召喚上帝的指引。

練習 5：無所畏懼地掌握機會。

練習 6：保持沉著冷靜，以便「下定決心並成就神的好意」。

練習 7：樂於付出善意給他人，並樂於接受他人的善意。

一個富有又健康的人，
他的前世已經在潛意識裡
描繪富有與健康的畫面。

*The man born rich and healthy*
*has had pictures in his subconscious mind.*

第 10 章

# 拒絕與認可

## ——拒絕局限，認可富足——

一個人應該在拒絕負面事物後，
立刻加上肯定聲明。
正確說出個人的需求至關重要，
務必要求你的需求「以完美的方式體現」。

# DENIALS AND AFFIRMATIONS

*Thou shalt also decree a thing,*
*and it shall be established unto thee.*

你定意要做何事，必然給你成就。
——《舊約・約伯記》第 22 章第 28 節

## 每人心中都有一塊黃金

在神聖心智中，所有終將在個人生命中彰顯的美好事物早已準備就緒，只等待個人認可、說出需求之後充分發揮。因此個人必須謹慎地要求唯有神聖旨意才能彰顯，因為他自行裁量說出的「無益空言」，往往只會一敗塗地或招致不幸。

因此，正如前章所述，**正確說出個人的需求至關重要。**如果你渴望成家立業、結交摯友、步步高升或是任何其他好事，那就要求「由聖靈來為你揀選」。

**無窮神靈，請為我開闢一條通往正確家庭、正確朋友與正確職位的康莊大道。現在我感謝一切都在恩典之下以完美的方式體現。**

上述整段聲明最重要的是後半部分——**以完美的方式體現**。我認識一名女士，一開口就要求一千美元。後來她的女兒受傷，他們獲得一千美元的賠償金，所以這筆錢不是以「完美的方式」體現。她應該用以下這種方式說出需求：**「無窮神靈，我感謝神授權利為我準備的一千美元，現在我已收到了，而且它是在恩典之下以完美的方式體現。」**

隨著一個人的財務意識成長，就應該要求神授權利為他準備的大筆金錢，在恩典之下「以完美的方式」體現。

一個人無法釋放超過自身想像的財富，因為他受制於潛意識的有限期望值。他必須放大自己的期望值，才有可能得到更多。人經常限縮自己的需求。舉例來說：一名學員提出在某個確切日期之前收到六百美元的需求。他確實收到了，但隨後聽聞其實他原本可以收到一千美元，最終因為他說出口的期望值，所以只收到六百美元。

「他們限制了以色列的聖者。」（《舊約．詩篇》第78篇第41節）財富跟意識有關，有一則法國傳說恰巧可以說明這件事。

一個窮人走在路上，遇到一名旅人，對方把他攔下來並對他說：「吾友，我見你如此貧窮，請收下這塊黃金然後賣掉，後半輩子你就會變得很有錢。」

窮人因為收到一筆意外之財而喜出望外，便帶著金塊回家。他立即找到工作並飛黃騰達，但他一直沒有賣掉金塊。許多年過去了，他成為超級富翁。

有一天他在路上遇到一名乞丐，他把對方攔下來並對他說：「吾友，我見你如此貧窮，請收下這塊黃金然後賣掉，後半輩子你就會變得很有錢。」

乞丐收下金塊，拿去估價之後卻發現它只是一塊黃銅。

所以我們可以看到：第一個窮人因為認定金塊是真金，自我感覺有錢，結果就真的變有錢了。

**每個人心中都有一塊黃金，它就是他的黃金意識、財富意識，為他的人生帶來財富。**

當他將需求說出口，就是從人生旅程的終點啟程，也就是說，他宣布自己**已經收到財富。**

你尚未求告，我就應允。

《舊約・以賽亞書》第65章第24節

持續不懈地說肯定聲明，就會在潛意識建立信念。倘若個人已經具備完美信念，只要做出一次肯定聲明便綽綽有餘！

**無須懇求或祈願，只要對自己已經收到的事物，再三表達感謝即可。**

## 引導潛意識釋放供給

「沙漠也必快樂，又像玫瑰開花。」（《舊約．以賽亞書》第35章第1節）即使置身沙漠，也心懷歡喜，就能釋放上帝的供給。「主導文」是以命令與要求的形式組成：「今日賜給我們日用的飲食。免我們的債，如同我們免了人的債。」（《新約．馬太福音》第6章第11＆12節）並以讚美結束：「因為國度、權柄、榮耀，全是你的，直到永遠。阿們。」（《新約．馬太福音》第6章第13節）「並我手的工作，你們可以吩咐我。」（《舊約．以賽亞書》第45章第11節）

因此，**祈禱文是由命令與要求、讚美與感恩構成的**，每個人該努力的就是讓自己相信「在神凡事都能。」（《新約．馬太福音》第19章第26節）

這些道理說來容易，實際遇到問題時，卻不是那麼簡單。

一名女士必須在某個期限之前拿出一大筆錢。她知道自己必須做點什麼，才能有實際感悟（因為實際感悟就是彰顯），因此她要求得到「指示」。

當時她正路過一家百貨公司，看到一把非常美麗的粉紅色珐瑯材質拆信刀。她覺得自己被它「吸引」。這個念頭於是浮現：「我還沒有買過精美的拆信刀，可以用來裁切內含大額支票的信函。」

於是她買下這把理智會認定是「浪費」的拆信刀。當她將它握在手中，眼前閃過自己正在裁切一封內含大額支票信函的畫面。幾個星期後她竟然真的收到這筆錢。這把粉紅色拆信刀其實就是她積極信念的橋梁。

不計其數的故事都在講述，**信念導引潛意識時，將會發揮強大力量。**

一名男士正在農舍過夜，房裡的窗戶全被釘牢了。半夜時他突然感到一陣窒息，於是摸黑走到窗戶邊，卻怎麼也打不開。於是他揮拳砸碎玻璃，終於大口吸進甜美的空氣，當晚一夜好眠。

隔天清晨，他發現自己昨晚打破的是書櫃的玻璃，房裡的窗戶整夜都是關著的。他因為對氧氣的想像，因此供應了氧氣給自己。

## 將破傘交到上帝手上

當你開始進行肯定聲明，就應該永不退卻。

這樣搖擺的人不要想從主那裡得到什麼。

《新約．雅各書》第1章第7節

有位學員曾經說過以下的精采聲明：「當我向天父請求任何事物，我一定是心意堅決。我會說：『天上的父，我將獲得不亞於我所要求的一切，甚至更多！』」

所以，人應該堅決不妥協：「我已傾盡全力，現在我靜候佳音。」**有時這是彰顯最困難的時刻，因為誘惑會要我們放棄、回頭、讓步。**

「他有的只是侍立和隨伴。」（He also serves who only stands and waits. 編按：十七世紀英國詩人約翰・彌爾頓〔John Milton〕的詩作〈失明〉〔*On his Blindness*〕其中一句。）

彰顯通常會在十一個小時後才出現，因為那時人已經想要放手了，當他停止推理，此時正是無窮智慧獲得發揮的機會。

「人的渴望若是沉悶乏味，就會得到沉悶乏味的回應，他的渴望若不耐煩，就會被延宕或是粗暴地回應。」

一名女士問我為何她老是搞丟或摔壞自己的眼鏡。

我們發現她經常火大地對自己與他人說：「我真希望擺脫這副眼鏡！」所

以她不耐煩的渴望就被粗暴地回應了。她原本應該溫和地要求完美視力，卻反而在潛意識烙下了亟欲擺脫眼鏡的不耐煩渴望，於是它們就三不五時地壞掉或失蹤。

有兩種心態會導致損失：不珍惜，就像前面章節提到的不重視自己丈夫的那位女士；或是害怕失去，也就是在潛意識烙下喪失的意念。

當一個人可以放下問題（拋下重擔），召喚就會立即得到彰顯。

一名女士在暴風雨交加的日子出門，結果雨傘一下子就被吹開花了。她正要去拜訪一位未曾謀面的人，因此不希望初次見面時自己手上拿著一把破傘；但她也不能就此丟掉這把傘，因為那不是她的傘。她在絕望中呼求：「上帝，請接手這把雨傘，我實在不知道該怎麼辦！」

片刻之後，身後傳來聲音：「這位女士，您想修好這把傘嗎？」一名補傘師傅就站在眼前。

她回答說：「沒錯，我想修好它。」

在這名師傅修傘時，她依約登門拜訪。當她再回到此處，雨傘已經修好。

所以，**在人生的旅途上，只要將破傘（或困境）交到上帝手中，永遠都會有一名補傘師傅隨侍在側，為你解決問題。**

## 神聖心智沒有時空限制

**一個人應該在拒絕負面事物後，立刻加上肯定聲明。**

某一個深夜，有人打電話給我，請我為一名從未謀面的人士說肯定句。他顯然病得很重，於是我做出以下聲明：「我拒絕這個疾病顯現。它是不真實的幻象，因此不會烙印在他的潛意識；在神聖心智中，這位男士是完美的，純淨的身體只會展現完美與健康。」

在神聖心智裡，沒有所謂的時間或空間限制，因此這些話立即傳遞到它的目的地，絕不會「無功而返」。我曾在美國為幾位歐洲的患者說肯定句，發現結果都是立竿見影。

經常有人問我視覺化（visualizing）和洞見（visioning）之間的區別。視覺化是受理智或意識影響的心理過程，是試圖在心中描繪某個場景；洞見則是直覺或超意識心智引導的靈性過程，自然看到心中的願景。

每個人都應該訓練自身心智接受閃現的靈感，並透過明確指示實現諸多「神聖的意象」（divine pictures）。當一個人可以說出：「我唯獨渴望上帝對我的渴望」時，他意識中的那些虛幻渴望就會消失無蹤，內在上帝這位建築大師會提供他一組全新的藍圖。

上帝對每個人的計畫超越理智的局限，永遠都是生命完美的彰顯，涵蓋了健康、財富、愛和完美的自我表現。許多人原本應該要打造出華美豪宅，卻屈於自己的想像，只能蓋出低矮的小平房。

如果試圖以理智強制事情發展，反倒會讓事情停滯不前。當上帝說：「我耶和華要按定期速成這事。」（《舊約・以賽亞書》第60章第22節）人就應該單憑直覺或明確指示行事。

你當在耶和華面前靜默，耐心等候祂。
當將你的事交託耶和華，並信靠祂，祂就必成全。
《舊約・詩篇》第37篇第5節&第7節

我曾目睹這條法則以最讓人驚呆的方式運作。一名學員表示，她必須在隔天籌到一百美元。這是至關重要的債務，非解決不可。於是我為她說肯定句，宣稱聖靈「永不遲到」，而且供應唾手可得。

當晚，她打電話給我，告訴我一個奇蹟。她說，自己腦中突然冒出一個念頭，催促她去銀行打開保險箱檢查幾份文件。當她一一檢視文件時，竟在保險箱底部發現一張全新的百元美鈔。她整個人都驚呆了，信誓旦旦地說自己從未把這張紙鈔放在保險箱裡面，因為她曾經反覆檢視這些文件無數次了。

這也許就是所謂的物質化（materialization），就像耶穌基督曾經物質化五餅二魚一般。人會達到「道成肉身」（《新約．約翰福音》第1章第14節）或是開口成真的境界。就像耶穌基督行使所有的奇蹟一般：「舉目向田觀看，莊稼已經熟了，可以收割了。」（《新約．約翰福音》第4章第35節）

## 讓上帝改造你

耶穌基督之名本身就具備強大力量，它代表著真理的彰顯。祂說：

使你們奉我的名，無論向父求什麼，他就賜給你們。
《新約・約翰福音》第15章第16節

以耶穌之名，足以將人帶入第四度空間，在此他得以擺脫所有星體和精神的影響，而且他會變得「毫不受限、純粹絕對，一如上帝本身毫不受限、純粹絕對」。

我已經目睹許多療法都是發揮語言的力量，也就是「奉耶穌基督之名」完成。**基督既是凡人也是信條，而每個人的內在神性就是他自身的救主與救贖。**內在神性是個人的第四度自我，也是依照上帝的模樣及形象創造而生。這是永不失敗、永不生病或悲傷，從未出生也未曾死亡的自我。這是每一個人的「復活與生命」（the resurrection and the life）！

「若不藉著神子，沒有人能到父那裡去。」（《新約・約翰福音》第14章

第6節）這句話的意思是，上帝即宇宙，在某一特定空間發揮作用，因而成為個人內在的神性；而聖靈就是發揮作用的上帝。所以，**每一天，人都是聖父、聖子、聖靈三位一體的體現。**

人應該將想像化為藝術。思想大師就是藝術家，他小心翼翼地在自己的心智畫布上描繪神聖設計的安排。他以有力的堅定筆觸描繪這些意象，並具備全然的信念，沒有力量得以破壞它們的完美，而且它們將會在他的生活中以具體的形象彰顯。

**一個人借力正確思考就能獲取力量，將自身的天堂帶進人間的生命中，這就是「人生遊戲」的目的。這些簡單法則就是無懼的信念、不抗拒與愛！**

但盼每一名讀者從現在開始都能擺脫那些長年以來束縛自己的事，並「領悟可以讓他們重獲自由的真理」，得以不受拘束地實現自身天命，並體現神聖設計為他所做的人生安排，包括健康、財富、愛和完美的自我表現。願每個人都能如同《聖經》中這句話：

只要心意更新而變化。

《新約・羅馬書》第12章第2節

第10課

# 課後小複習

**Q1：當一個人提出需求時，最重要的是什麼？**

**A**：正確說出需求，祈求它「以完美的方式體現」。

**Q2：人該如何祈求充裕的供應？**

**A**：一個人無法釋放超過自身想像的財富，因為他受制於潛意識的有限期望值。人必須放大期望值，才有可能得到更多。

**Q3：如何在潛意識建立信念？**

**A**：進行肯定聲明，對自己已經收到的事物，再三表達感謝即可。

**Q4：有效的祈禱文由哪些要素構成？**

**A**：由命令與要求、讚美與感恩構成。

**Q5：上帝的完美計畫在何時顯現？**

**A**：彰顯通常在要求的十一個小時後出現，因為那時人已經想要放手，當他停止推理，無窮智慧就能獲得發揮。

**Q6：什麼心態會導致損失？**

**A**：「不珍惜」與「害怕失去」。

**Q7：當我們拒絕負面事物後，還要做什麼？**

**A**：立刻加上肯定聲明，意識中的虛幻渴望就會消失無蹤，內在上帝會提供你全新的藍圖。

**Q8：耶穌基督之名具備怎樣的力量？**

**A**：以耶穌之名，足以將人帶入第四度空間，他會變得「毫不受限、純粹絕對，一如上帝本身毫不受限、純粹絕對」。

**Q9：「人生遊戲」的目的是什麼？**

**A**：借力正確思考獲取力量，將自身的天堂帶進人間的生命中。

**Q10：何謂「人生遊戲」的贏家法則？**

**A**：無懼的信念、不抗拒與愛！

# 拒絕與認可的法則

- 一個人不可能得到超過想像的財富，他必須放大自己的期望值，才有可能得到更多。
- 持續不懈地說肯定句，就會在潛意識建立信念。
- 無須懇求或祈願，你只要對自己已經收到的事物，再三表達感謝。
- 只要將困境交到上帝手中，永遠都會有人為你解決問題。
- 個人應該在拒絕負面事物後，立刻加上肯定聲明。
- 試圖以理智強制事情發展，反倒會讓事情停滯不前。
- 讓上帝改造你，更新你的心思意念。

幸福能量啟動練習

# 10

## 練習「拒絕與認可的聲明」

我們應該在拒絕負面事物後，立刻加上肯定聲明：

我拒絕○○○○（負面的事物，例如：疾病、局限、匱乏……）顯現。它是不真實的幻象，因此不會烙印在我的潛意識；在神聖心智中，我是完美的，純淨的身體只會展現○○○○○（你所期望的境況，例如：健康、財富、愛、完美的自我表現……）

## 練習說「完美的祈禱文」！

祈禱文是由命令與要求、讚美與感恩構成的。例如：

今日賜給我們日用的飲食。免我們的債，如同我們免了人的債。因為國度、權柄、榮耀，全是你的，直到永遠。阿們。

卷末附錄

# 召喚幸福的肯定聲明

## 要求財富

上帝是我堅定不移的充裕供應，

大筆財富將在恩典之下，以完美的方式迅速交到我手中。

無窮神靈，請為我開闢充裕富足之路吧。

我是一塊強力的磁石，會吸引神賦予我權利所能擁有的一切。

感謝上帝，讓我可以在適當時機，以適當方式收到〇〇〇元。

無窮神靈，請立即為我開闢供應的道路，
讓聖靈為我預備的一切釋放，向我湧來吧。

無窮神靈，我感謝神授權利為我準備的〇〇〇元，
現在我已收到了，而且它是在恩典之下以完美的方式體現。

## 要求消滅損失

無窮神靈，我在此召喚寬恕法則，
並感謝我受到神的恩典看顧，而非法則嚴管；
我不會損失神授權利賜予我的〇〇〇。

## 要求健康

神聖之愛為我的意識灌注健康，我體內的每一顆細胞都充滿了光。

## 要求視力

我的雙眼就是上帝的雙眼，我便是帶著靈性的雙眼看世界。
我清楚看見開闊的康莊大道，我的這條大道上沒有阻礙。
我清晰看見完美計畫。

## 要求耳力

我的雙耳就是上帝的雙耳，我便是帶著靈性的雙耳聽世界。
我不抗拒並主動接受引導，我聽見充滿歡樂的強烈喜訊。

## 要求正確工作（工作報酬）

無窮神靈，請為我開闢正確的職位管道。

我有一份超棒的工作，良好的運作方式，

我提供出色的服務，換來豐厚的薪酬！

## 要求成功

我的神聖心智是完美典範。
無窮智慧已經為我規畫好成功與繁榮，現在我開口向它要求。

## 要求神聖設計實現

無窮神靈，請為我生命中的神聖設計，
開闢一條讓它充分體現的康莊大道；
且讓我內蘊的才華被即刻釋放；
且讓我清楚看見完美的計畫。

在神聖心智中，唯有完滿，因此，我的實際作為就此完滿。

我有完美工作、完美家庭、完美健康。

無窮神靈，請為我開闢通往正確家庭、正確朋友與正確職位的康莊大道。

現在我感謝一切都在恩典之下，以完美的方式體現。

## 要求發揮天賦

無窮神靈，請提供我明確指示，請向我展示完美的自我表現，

讓我看見現在我應該要發揮的天賦。

## 要求擺脫困難境遇（負面情緒）

我將這副重擔加諸內在的基督身上，於是我獲得自由！

我將憎恨的重擔全部拋給內在的神，我就得到自由；

反而盈滿愛心、和諧與幸福。

我將這一切交到無限大愛與智慧的手中。

如果○○○○是神聖計畫的安排，那我就祝福它，不再一味抗拒；

但它若非神聖計畫的安排，那我感謝它就此消散，並化於無形。

## 要求消除錯誤、重寫自身的完美紀錄

任何天上的父未曾規畫的每一項計畫，

都應該就此消散並化於無形，

神聖旨意現在便要應驗了。

神聖之愛此際將我的心智、身體與外在事務的各種錯誤驅逐消散，

並從此化於無形。

神聖之愛是宇宙之間最強大的化學物質，
可以溶解非其本身的所有事物！

現在，我要粉碎、破除刻在潛意識心智的每一個不真確紀錄。
它們應該回歸虛無，塵歸塵、土歸土，因為它們來自我虛無縹緲的想像。
現在，我要借力內在的神性，重寫自身的完美紀錄：
那就是健康、財富、愛，以及完美的自我表現。

## 要求抵消不好的預言

每一個虛假預言都將化為烏有；
天父不曾規畫過的計畫都該消滅，
就在此刻，神聖旨意就要應驗。

## 要求堅定的信念

世上沒有兩股力量，唯一的力量來自上帝。
因此，無須失望，事件本身就意味著愉快的驚喜。

由於我與天上的父合為一體，我就是與我的善合為一體，
因為上帝既是施予者也是禮物。我不可分開施予者與禮物。

## 要求直覺指導（明確指示）

無窮神靈，請指引我道路，讓我知道我還能做些什麼事。

我十分敏於覺察自己的直覺，並願意立即服從神的旨意。

**要求不被負面的人影響**

既然只應有上帝這股單一力量，

〇〇〇（人名）出現在此即是對我有益、為我帶來富裕。

**要求完美的一天**

我的諸事將在今天完全實踐！

今天是圓滿的一天，我感謝這個完美的一天。

奇蹟將會一個接著一個出現，驚喜也將永不止息。

**要求做出正確決定**

我永遠受到聖靈的啟發，能迅速做出正確決定。

## 要求孩子實現內在神性

且讓這孩子內在的神性得以完美表現；
讓他的心智、身體與外在事務的神聖設計，
在他這一生中永遠都得以彰顯。

## 要求找到適當的房子

無窮聖靈，請為我開闢一條找到合適公寓的道路。

無窮智慧，請賜我一棟適合的房舍，
它和這棟房舍一樣迷人，而且它正是神為我準備的房舍。

如果我渴望的這棟房舍終將屬於我，我就不會失去它；
但如果實非如此，那就請賜我一棟條件相當的房舍。

**要求得到銀行的協助**

每一名與銀行相關的人士都有大愛見證我的精神。且讓神聖旨意來接管這一切。

**要求接到想要的電話**

神會保佑我不錯過任何打來找我的電話。我在神的恩典之下，而非自己想像的法則之下。

**要求賣出商品**

上帝正保護我的利益，神聖旨意將順勢而生。正確的商品會被正確的賣家，販售給正確的買家。

## 要求學業知識

我擁有無窮智慧，我知道這門科目中我應該知道的一切。

## 要求不和真命天子／天女分離

在神聖心智裡沒有所謂的分離，

因此，我不會與神應許我的愛及伴侶分開。

## 要求親友的安全

人是神聖心智的完美構想，總是站在正確的位置。

因此，我的兄弟（朋友）正站在自己正確的位置，而且受到神聖保護。

青丘家 GN001

# 人生遊戲的贏家法則

美國史上最具影響力TOP50名著，
百年長銷不衰、改變千萬人的成功學始祖級經典

作　　者　佛羅倫絲．辛（Florence Scovel Shinn）
譯　　者　周玉文
編　　輯　鄭淑慧
封面設計　周家瑤
美術設計　洪素貞

出　　版　青丘文化有限公司
地　　址　114048 台北市內湖區東湖路113巷49弄29號3樓
電　　話　02-26306272
郵　　件　greenhills.cheng@gmail.com

總 經 銷　大和書報圖書股份有限公司
電　　話　02-89902588
印　　刷　呈靖彩藝股份有限公司

初版首刷　2021年11月



國家圖書館出版品預行編目資料

人生遊戲的贏家法則：美國史上最具影響力TOP50名著，百年長銷不衰、改變千萬人的成功學始祖級經典／佛羅倫絲．辛（Florence Scovel Shinn）著；周玉文譯－初版－台北市：青丘文化有限公司，2021.11
240面；14.8＊21公分
譯自：The Game of Life and How to Play It
ISBN 978-986-06900-0-2（平裝）
1. 成功法 2. 自我實現 3. 信仰

177.2　　110012004